野練
必備

山跑

12條跑者修煉之路

挑戰土坡、水徑、山梯、峽谷多樣地形

跑者才懂的壯遊，
在最美的山徑挑戰自我！

阿虎隊長

曾尉傑◎著

你可能很驚訝又出了越野跑相關議題的書了，其實我也是在訝異中出了第二本書《跑山》，一直以來都不覺得有機會再出書，因為用打字的很慢，用說的分享比較快，然而在「本是文創」經紀人胡姐的鼓勵下，開始著手第二本書的計畫！

而這本書的過程也十分的曲折離奇，從開始的內容設定到最後的成品有了大大的不同，所謂的不同就是內容更加豐富，原本只想做越野路線的分享攻略，因為大多數的跑者對於山林路線是比較不了解，所以依照過去寫登山紀錄的經驗，套用在越野跑的路線，然而寫著寫著則發現登山的一些山林觀念必須再補充加入，要認識山、了解山，進而接近山，於是乎又增加了第一章節的山野知識。

延續著第一本書《開始越野跑》，但《跑山》這本書是更進階的內容，特別是在路線的規劃上，所介紹的路線也融進了當時野跑的情境。路線也是我最為重視的部分，根據身邊的跑友給我的回饋，大家總是不知道哪邊適合去跑、可以去跑，從郊山到中級山甚至高山百岳，我以自己親身的經歷來跟大家分享，讓大家知道平常在跑山的時候心裡所想的事情，當然也有許多講幹話的過渡期，都是跑山過程中值得回味的。

在越野跑的圈子認識了許多大神，過去也有數次一起運動跑山，或是共同參加比賽的機會，藉由這次寫書之際，力邀小岡、文孝、明珠姐、周青等四位高手，請他們分享這幾年來出國挑戰更高等級的越野賽事心路歷程，更分享他們的成功經驗，相信對許多跑友而言，都是很受用的經驗分享，希望進而承接起國內的越野跑活動。

邀請大家，跟我一起暢快跑山吧！

Part 2　12 條非跑不可的越野路線

目錄　CONTENTS

Part 3

越野達人帶你跑進山林

Part 1

認識山林越野

相對於路跑，「跑山」算是一項新興的跑步運動，跳脫城市街道、人造公園的跑步環境，而是跑進壯麗優美的山林之中。結合跑步與登山的山徑越野跑，更是考驗個人體適能，不僅要有長跑的耐力，更要有登山運動陡上、下坡的肌力，以及快速在多變化地形移動的應變力。對於山林環境也需要有基本的認識，保護自身安全，降低運動風險，同時也維護大自然，對生態的衝擊能降至最低。

台灣山林環境知識——
認識郊山、中級山、高山百岳

身在台灣寶島的我們，應該都知道台灣是屬於多山、多丘陵的島嶼，而實際上台灣的面積有五分之三以上屬於山地地形，超過3000公尺的高山多達268座，是全世界高山密度最高的島嶼之一，其中以標高3952公尺的玉山主峰為台灣第一高峰，更是東北亞最高峰。

而後在一九七〇年代，由當時登山界四大天王中的林文安先生創立了「百岳俱樂部」，擬定了「台灣百岳」，挑選出100顆超過3000公尺並且具有一定特色的山峰，開啟了一段台灣百岳的風潮，延續至今，百岳仍是許多熱愛戶外山林人士所追尋的指標。

這些3000公尺以上的台灣百岳，在雲端的世界有著令人嚮往的環境及美景，而在高山之下，海拔不到3000公尺高度的山林，仍有許多的原野祕境，吸引著一票熱愛自然的人。台灣山岳普遍可分類為：高山百岳、中級山、郊山。

高山百岳

一般泛指海拔超過3000公尺的山，如我們所熟知的玉山、雪山、南湖大山等等，當然經過現代再測量後，也是有百岳不足3000公尺，例如：鹿山及六順山。通常大眾化的高山百岳路徑皆清楚明辨，較不會有迷路風險，屬於國家公園境內的傳統百岳路線，更是有國家公園設置的路線指示木牌，當然萬事皆有例外，高山的風險則是來自於天候的轉變或海拔的上升，因為天氣變化起大霧，造成能見度降低，形成誤判路徑導致迷途的風險；或是因為海拔提升，空氣稀薄，一旦下起大雨，溫度直直落，即所謂的「風寒效應」，要是保暖工作沒有做足，容易造成失溫現象，而有致命的危機，所以在高山上的天候因素，對於行程的成功率占很大的比例。

另外一個高山風險就是突發的「高山症」，而高山症通常都是發生在快速海拔上升的登山行程中，容易發生高山反應的高度大約在2400公尺以上。從事超過此海拔的登山、越野跑等活動時，就要留意是否有高山反應的徵兆，因每個人的高山反應都不一樣，根據個人的體能狀況及身體素質、登山的爬升速度、攀登的海拔高度等因素決定了高山反應的嚴重性。

貼心提醒！

高山反應：輕微徵狀是頭暈、頭痛、噁心、厭食等現象，而當有這些現象出現的時候，就必須嚴格審視，不可輕忽，以免惡化成急性高山症、高山肺水腫、高山腦水腫等等，最有效的預防方式就是下降、下降、再下降。降至低海拔時高山症就會緩解。

↓ 台灣擁有得天獨厚的高山環境，做好準備，在高山越野跑也能跑得安全。

中級山

通常是指3000公尺以下到1500公尺這段海拔區域，以北部山區來說，著名的北插天山即是熱門路線，中部山區便是谷關七雄，南部則有雲嘉七連峰、尾寮山、日湯真山等，東部就是清水大山，雄踞太魯閣口。中級山的山徑多為原始土路，林相變化大，在這海拔區間抬頭往上看通常有森林覆蓋，或是雲霧繚繞，多半不會直接被陽光直射，在山腰行走時也沒有較遼闊的景觀可看，腳下原生植被豐富，不時會覆蓋住路徑，森林下的動物多樣化，小如螞蝗、人面蜘蛛，大至猴子、山羌時常在中級山區發現蹤跡，可說是迷霧森林。

此外，中級山的山徑錯綜複雜，有通往山頂的路徑，也有橫切山頭的腰繞路，有四、五十年前留下來的古道路基，還有野生動物的獸徑，甚至有溪谷河床的跨越路段，因此在中級山行動時，較多時刻都需要認真地巡視路徑，特別是在岔路口的地方以防走失，所以才有人會說，中級山是訓練登山技術、個人體能的最好所在，因為中級山就是「終極山」。

↑ 路徑清楚明確的中級山——八仙山步道（谷關七雄之首）。

↓ 大多數的中級山路線都在這樣的荒煙蔓草之中前進，雖然看似沒有路，實際上卻有一條路徑及些許的路條指引方向。

↑ 郊山的路線多半已經有人工設施的步道，往往是石階或是木棧道。

↑ 郊山路線也有較為原始的路徑，有些路段更類似中級山一般。

郊山

　　通常是指1500公尺海拔以下的登山環境，例如：陽明山國家公園內的七星山、大屯山群峰，中部地區的大坑步道系統等等。郊山區域多數有人工步道的設施，像是石階梯、木棧道，搭配些許的泥土山徑，增加郊山山徑的變化性。相較於高山與中級山，郊山位在城市的邊緣，是最近的戶外山林，易達性高，人人皆可輕易到達，但不可因此就小看了郊山的風險，即便是爬陽明山都有可以發生山難事故。因為郊山是屬於比較原始的山徑，也許是荒廢的舊古道，或是冷門的小山頭，有時未能吸引到許多登山客造訪，日積月累導致路徑越來越不明顯，困難度直逼中級山。

 貼心提醒！

依據跑山路線的規劃，需要向路線所屬管轄單位申請入山許可證和入園許可證，詳情可至相關單位官網查詢：
- 入山進入管制區，需向「內政部警政署：入山案件申辦系統」申請入山許可證。
- 經過國家公園的生態保護區，可利用「臺灣國家公園入園入山線上申請服務網」上網申請入園許可證。
- 進入自然保留區、自然保護區、第三級以上的國家步道，則要到「林務局網站」申請入園許可證。

從馬拉松世界進入越野跑天堂

當我們了解到台灣是個多山、多丘陵的環境,在山上跑步就是一個可以期待的事情,根據過去多場山區馬拉松活動的紀錄,不只報名參與的人多,大家跑完之後都有意猶未盡的感覺,尤其是山上空氣清新、景致優美,讓跑者即便在賽道上有抽筋的苦痛經驗,都在進入終點的那一刻完全遺忘,這也是跑山的迷人之處。

越來越熱鬧的馬拉松活動

　　馬拉松熱潮退燒了嗎?偶爾會從跑友間聽到這個賽後談論的話題,若從統計數字來看,從2015年度的馬拉松賽、半程馬拉松到路跑賽事已超過五百場次,到了2017年

的各式路跑馬拉松賽事則超過八百場次以上，賽事場次不減反升，顯然是運動的人口不僅沒有變少，連賽事的場次種類也持續增加，這樣運動人口的增加，慢慢地擴散到其他各式的運動項目，例如：鐵人三項賽事、自我挑戰的單車賽事，當然還有越野跑的賽事。

就鐵人賽來說，在台灣每年都有世界兩大鐵人品牌Ironman、Challenge Taiwan的賽事，還有國內許多的鐵人協會承辦的賽事，而單車活動從西進武嶺的挑戰賽，擴及到東進武嶺KOM，媲美國際單車登山賽，還有特別的一日北高、一日雙塔等單車挑戰賽，挑戰單車選手的極限。

至於越野賽，記得在十年前，每年大概只有一場或是兩場的越野跑比賽，通常是由大型的戶外品牌贊助舉辦，幾乎算是年度的越野盛會，各路英雄匯集，有鐵人好手、馬拉松選手、單車專家等等，反而沒有專攻越野跑的選手，所以說當年的越野跑活動大家都可算是門外漢。十年後的現在，特別是在2013年「國際越野跑協會（ITRA）」正式成立後，全世界的越野跑賽事如雨後春筍般展開，而台灣也在隔年開啟了一波越野跑浪潮，一路延伸至今，一整年有超過三十場的大大小小越野跑賽事，從十幾公里的入門級賽事到百公里的山林越野賽，任君選擇。

馬拉松之於越野跑，先前聽過一種說法，馬拉松的終點是越野跑，對此我想說的是，跑步沒有永遠的終點，但是每個運動都會有一個開始，而越野跑的初始點就是馬拉松，只是從都市叢林跑回去原始叢林，從專業的配速回到自然的大步邁進，我始終

↑ 台灣的馬拉松活動一年有數百場，已成為熱門的全民運動。

認為如果沒有基本的跑步能力或是基礎，要進入到越野跑的行列是十分困難的，而當人們想要開始運動，不論運動的目的是為了健康的身體還是減肥，抑或是自我挑戰，最常選擇的就是跑步，跑步也是所有運動的基礎，有了跑步建立體能基礎之後，才有馬拉松或是越野跑。

越野跑與馬拉松有何不同？

　　隨著近幾年越野賽事的增加，越來越多的跑者開始轉進山徑越野跑行列，或者說每當有跑者嘗試過越野跑之後，從此一試成主顧，迷上越野跑的風情，那種在大自然森林草原中奔馳，階梯步道無窮迴圈喘著大氣，每一個轉彎、每一個陡上坡之後，都充滿了未知的驚喜，這跟一般的馬拉松比賽略有不同。

　　除了景色的差異外，馬拉松與越野跑還有甚麼不同？包括：裝備上的差異、訓練上的差別以及心理層面的轉變。

差異①：裝備

- 馬拉松的裝備：跑鞋、一套跑衣及跑褲、小帽、墨鏡、GPS手錶、能量膠，以上為目前最大多數人的馬拉松基本裝備，頂多再輔以腿套、袖套等。

- 越野跑的裝備：以一個百公里的越野賽事來說，必定有五至八樣的強制裝備，主要原因是越野跑的環境都在原始的山林之中，不確定因素很多，包括比賽的季節、路線的海拔落差、補給站的距離等等，都會直接或是間接影響強制裝備的制定，因此主辦方都會嚴格規範許多強制性的越野裝備，保護選手的安全。

↑ 越野跑的一般裝備看似跟馬拉松裝備類似，最明顯的差異在於「水袋越野背包」，以及選擇抓地力強、耐磨的越野跑鞋。

差異②：訓練方式

● 馬拉松的訓練：對於一個馬拉松愛好的跑者，訓練就是一門很重要的功課，提到訓練就不得不說到「配速」，這也是馬拉松跑者很重視的一個數據，要在4小時內完成馬拉松，你的配速應該要多少？3小時內（sub3）的配速？而要達到這樣的配速，需要一段長時間的規律訓練才行，訓練的項目包含了長距離慢跑（LSD）、節奏跑、間歇跑等等，隨著穿戴式的裝備進化，馬拉松也朝向科學化的訓練導向，藉由數據的分析，進而提升成績。

● 越野跑的訓練：基本工夫就是馬拉松的訓練基礎，如同先前提到越野跑的起始點就是馬拉松，有了穩定的體能後才能駕馭越野山

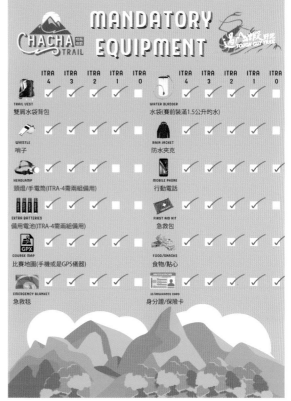

↑ 此為目前「恰恰越野」賽事的強制裝備表，致力推廣入門越野賽事的恰恰越野團隊，主要賽事多在50公里這個距離內為多，依照國際越野積分（ITRA）的分類，可適用於恰恰越野的系列賽場，積分越高的代表賽事距離越長或是爬升越高，因此規範的強制裝備就越多。

徑，為什麼說是穩定的體能，而不是說穩定的配速，越野跑的路線起伏不定、急遽變化，故難以保持如同馬拉松一般的配速，這也是進入越野跑領域之後，鮮少提起的配速，並非配速不重要，而是要因時制宜，比方說運用在訓練課表當中。

時而快、時而慢的越野跑更加考驗跑者的乳酸排除能力，也因為山徑崎嶇陡峭蜿蜒，在馬拉松訓練中的步幅、步頻跟擺手等技術，較難在越野跑之中展現，相反的，要運用人體自身的平衡感、律動感，來提升在山徑上的快速移動，講究的是靈活性，並非千篇一率的固定跑法。如果要用一個名詞來代表，那麼「自然跑法」就可以明確表達，所謂自然跑就是放輕鬆身心，把姿勢、配速、步頻等等拋到腦後，隨著山徑的起伏前進，上坡跑不動就邁步走，下坡就隨著地心引力順暢往下衝，遇到倒木就跨過，看到巨石就閃開，前有岩壁就爬上去，因此全身性的肌肉群都必須兼顧，包含上半身的肌力訓練、背部肌群等等，故在越野跑的訓練課程中，時常有斜坡的衝刺、階梯的抬腿訓練等項目。

從報名比賽或參加訓練活動開始越野跑

　　當進入越野跑的行列之際，最多人面臨到就是不知道怎麼「跑」，而最快速投入越野跑的方式就是「報名比賽」，一開始可能先報名較為初階的越野賽事，通常是設定在20公里距離以內的賽事為主。我們先設定大多數的人都已經有基本的運動基礎，可能都有半程馬拉松的經驗，平常的訓練也通常在10～15公里左右的距離，挑選平常單次訓練的距離長度來做為初次越野賽的選擇，是最簡單的基礎入門跑。

　　除了越野比賽之外，現在也有些戶外越野品牌開辦了許多越野跑的訓練活動，主要就是給完全沒有越野跑經驗的跑友一個入門體驗，距離多半在10公里以內，由長期投入越野跑活動的教練領跑，讓學員跟著越野跑，並且可以體驗多樣化的越野地形，活動後還有經驗分享交流，確實可以帶給許多初學者能加速認識越野跑的活動。因此當你想要投入越野跑之前，不妨考慮從這樣的基礎課程開始來了解越野跑這個新興運動。

↑對零基礎或沒跑山經驗的新朋友來說，參加越野跑的訓練課程或講座是很好的入門體驗。

開始越野跑的四大須知

越野跑不單單只有要考量到距離，很多初次體驗越野跑賽事的人，剛開始就是跟著前面跑者的步伐前進，往往一場活動下來，除了體力的耗損、全身痠痛之外，大概只會記得前面跑者的跑鞋顏色吧。要開始越野跑就要認識越野跑，越野環境不比一般的路跑或是馬拉松，這是一門更全面的跑步運動，除了要有健全的體能，還需要更多的山林知識。

1.尋找登山口與看懂山上指示牌

開始越野跑之後，常常有人會問我：從哪邊開始跑？入口在哪？當然在探訪一條未知的登山路線之前，一定要先上網做功課，做什麼功課呢？就是要蒐集好路線資訊，登山口就是其中之一，如果連起點都找不到，要怎麼開始越野跑？

許多山徑步道的登山口都在比較偏僻的地方,多半會在路段的盡頭,最靠近山區的那一端,有巷有弄的入口都還算好找,如果是大城市郊區的入口,都可以依靠導航的指引,通常來到巷弄的最末端就會看到告示牌說明登山路線,以大台北地區近郊的著名登山步道,大多已經有明顯的地標作為指引,例如:天母古道、風櫃嘴的涼亭、清天宮等等。

可是還有很多中級山路線,或是高山路線的登山口,往往沒有那麼多明顯的地標,往往只是在某座橋的橋頭旁的小徑,或是產業道路一旁的缺口小徑,而這些登山口都有一個明顯的特徵,就是入口處一定有許多的登山路條。

找到了登山口,還要會辨識山徑上的指示牌,因為在山徑越野並不會有許多馬路上看到的道路名稱,取而代之的是山頭的名稱,還有飄逸在樹枝間的登山路條,有一些山徑上會有小小的指示牌,多半是山友或是登山社團自發性的設置,因此在非國

↖ ↑ 山徑上的方向指示牌,指引方向及距離。

↑ 由民間登山社團體所設置的登山指示牌,通常釘在岔路口的樹幹上,不過有時候會被茂盛的植被給遮蔽。

↑ 國家公園的登山路線上多半會有里程牌,標示名稱及里程數。

家公園內或是不太熱門的登山步道及山徑上，大多數都是以路條為前進的依據，在岔路口就尋找各路口處是否有設置小型的方向指引牌。

在國家公園或是熱門的登山路線上，一般多以每公里設置一個里程牌，也有每100公尺就設置一個里程牌，例如雪霸國家公園內的雪山主東峰路線，路況維護良好，路徑清晰，加上每100公尺就有一個里程牌，大幅增加行進的安全性。

↑打X記號，表示禁止通行的路徑。

2.訓練路感

即使國家公園規劃了這麼完善的里程牌，但仍有人會迷路，所以有了指示牌的指引之外，在山野活動還需要學習的一種技巧，就是所謂的「路感」。

路感是什麼？聽起來很抽象，簡單來說就是對於路徑的感覺、路徑的選擇，以開車做比喻，就好像駕駛著所熟悉的自用車，開車走小巷子也可以憑著感覺不會碰撞到兩旁停著的車子。路感就類似這樣開車的感覺，在山徑上行走可以憑著對於山徑的感覺，走在正確的山徑上，不會因為一棵倒木或是一個小崩塌就迷惘或是失去正路。

要如何訓練路感？可以從兩個面向來學習：

第一點，多練習走在隊伍的第一個，當走在前面的時候，你就會強迫自己去觀察四周的環境，自己去體會路徑的變化，包括岔路口、高繞路或是下切路等等，當你練習到很迅速地辨別出路線之後，就能有效地快速通過，提高越野跑的表現。

第二點，多觀察路徑地面，這可以從地面的細微變化來判斷，例如：腳印、折斷的植物、人造的垃圾，在過去多次的越野賽經驗中，常常看前方的選手跑著跑著就偏離賽道，會偏離就是無法辨識出路線，其中的問題就是不會認路，特別是路徑若是被植被擋住或是有倒木擋路時，都會影響到初學者的路感。

以台灣原始的山徑，特別是在中級山更是明顯，路徑不是康莊大道，時不時會有巨石擋路、倒木橫亙眼前，更多的是箭竹林立，只能林中低頭貼著路徑往前鑽，面對到這樣特殊路徑，一定要特別注意的是岔路口，通常在錯的路口，會有「X」的木頭或記號放在地上，或者將芒草、箭竹相互綁起來，當看到很突兀的景象時就要適時的觀察環境。

↑ 山林的路徑多變化，需要訓練路感才不至於迷失於山徑之中。

3.越野跑山裝備大不同

再者，不得不提起越野賽的強制裝備，因為在自助性的跑山活動中，沒有強制的規範，因此常會有人粗心的「我以為」我可以應付，而危險就經常在「我以為」之後發生，對於越野跑的主辦單位來說，明確的規範出那些裝備需要攜帶，並且全程背負有可能在補給站抽驗，以此方式來確保在山徑上的選手能有足夠的能力自保，若遇危機至少能自保到救難人員的到來。

近幾年國內的許多主辦單位也跟國際接軌，開賽前一定要求檢查強制裝備，補給站則是不定期的抽驗裝備，慢慢養成選手對於強制裝備的攜帶觀念。

常見的強制裝備如下：

● 手機：是重要的通訊器材，有些賽事會要求選手下載賽事軌跡圖，使用離線地圖以確認是否在賽道上，並且有些主辦方還會要求攜帶行動電源。
● 頭燈及備用電池：特別是需要跨夜的百公里賽或是百英里賽事，頭燈肯定是大會要求的強制裝備之一，甚至有百英里的賽事會強制選手攜帶兩組頭燈。
● 求生毯：輕薄的求生毯能夠有效隔絕體溫流失，這是所有賽事會規定的裝備。

- 哨子：如同求生毯一樣屬於救難用裝備，多數的越野背包上都會有哨子的設計，這樣的小巧思可以讓選手更加便利。

- 1.5公升水：多數會指定選手的水量在離開補給站的時候，不可少於1.5公升或是1公升。

- 補給品：補給品的項目因人而異，通常使用高熱量的能量棒或是能量膠。

- 環保餐具：特別是國內越野賽事，以自助超馬團隊（TUR）推動不遺餘力，養成選手習慣自備環保餐具參賽，減少補給站大量使用免洗餐具，不僅國內如此，國際賽場上也持續在推動強制攜帶環保餐具的風潮。

4.山徑常見特殊地形

　　多變的地形正是越野跑的一大特色，也考驗跑者的體力及臨場反應，以下幾個地形是挑戰越野跑的精彩之處，也潛藏危機，謹慎應對才能跑得更暢快、更有成就感。

拉繩區

　　不論是郊山還是百岳都是會遇到的拉繩區，當然最困難的中級山路線更是常見，只是拉繩的地形多有不同，有些是岩壁上下攀爬的地形；有些是濕滑的陡上坡；有些是懸崖斜壁等等。面對拉繩地形，首先要確認繩子是否牢靠，觀察繩索架設的方向性，是否會造成擺盪，因為架設不牢固的繩索，再拉動的時候，或多或少會因為使用者的重心不穩而產生擺動，若過度依賴著繩索的人就容易被擺動的繩索牽引滑倒，甚至影響到同時使用繩索的前後隊友，因此在拉繩區時建議一次一個人拉繩通過，可免於被別人拉繩擺動所牽制。

如果可以不使用繩索，那麼我建議在安全的許可下，不要使用繩索，其原因在於我們無法在第一時間確認繩索的架設點是否牢靠，繩結的綁法穩不穩定，還有繩子本身可以負擔的拉扯力有多少，山上的繩子不知道有沒有人踩過，或是經過太陽曝曬、大雨淋過、高山上的繩索甚至結冰結霜，經歷過這樣的風吹日曬雨淋，很難確保繩子仍有原本的韌性。

若是在非拉繩不可的情況下，建議大家在通過拉繩區時，盡可能地輕拉繩索，利用繩索做為一個輔助的力量，也能空出另外一隻手去扶石壁或是拉樹根做為輔助，讓身體的重心朝向山壁的方向。最不好的拉繩方式

↑ 濕滑的土路可以拉繩輔助上攀，但要注意身體重心要傾向山壁，不要往後傾斜。

就是雙手拉繩索且身體重心向後或向下，萬一繩索斷裂或是固定點鬆脫，那麼人就會跟著墜落。

過溪路段

大多數都在中低海拔的山區，特別是比較原始的郊山或是中級山區，有溪水的地方多半比較潮濕，相對附近的環境也是比較濕滑，當遇到小溪床的時候，我都是建議直接踩進水裡，將腳直接踏入溪床底，選擇平緩的溪床，可減少滑動，盡量不要踩在溪床上或是溪床旁的石頭，有些石頭十分濕滑，為了一時不想要讓鞋子濕掉而去踩石頭，一踩上去很有可能直接摔個四腳朝天掉進水裡，導致受傷。

↑ 過溪時不要害怕鞋子濕，留意下腳處，最好是踩在平緩的溪床底。

↑ 面對溪水流速較大的河床，過溪時踩斜向下流的方式橫渡過溪床。

獨木橋

這是中級山路線中一種特有的地形，而木橋的形式百百款，有些郊山路線也會有獨木橋的搭設，多是利用現有環境的樹幹來搭建，這些木橋都有一個特性就是走起來的

↑橋身過長或是恐懼不敢直接走過獨木橋的人，可考慮蹲下來用手輔助平衡緩慢通過獨木橋。

感覺很像腳底抹了油，深怕一個不小心就滑落。

過獨木橋的重點，要先是踩看看樹幹是否穩定，落腳點可以選擇樹幹的凹凸處，增加止滑力道，或是選擇以腳橫踩的方式，雙手張開保持平衡。

如果平衡感不佳，或是有恐懼的人，可以採用四點平衡的方式，就是蹲下來用雙手扶著橋身輔助過橋，雖然看起來很遜，但總比掉下橋來的安全可靠的，尤其在大自然的環境裡，適時的屈身彎腰是很重要的。

樹根及倒木

這是在中級山路線幾乎都會遇到的路況，在經過樹根盤據的山徑時要特別留意，避免絆到突起的樹根，說起來很簡單但如果是在長時間越野之後，或是在越野賽事當中，總是會看到有人不小心被樹根絆倒，原因就是大家太過輕忽地上的樹根，另外一方面明知道要將腳抬高一點越過樹根，可是腳卻不聽話，很有可能這時身體已經到了一個臨界點，可能是疲勞了，也可能是血糖偏低了，就是在提醒你應該要進行補給了。

↑遇到盤根錯結的樹根，多半都是選擇跨越，如果直接踩在樹幹上容易滑倒。

↑在中級山路線中，巨大倒木橫在路徑上的情況也常見，很難跨越時必須踩在樹幹上，要留意平衡避免滑倒。

進入越野跑運動賽事

已經摩拳擦掌準好開始越野跑了嗎？由於每個人的體力與跑步經驗都不同，實際在跑時，該如何選擇適合自己能力的跑山活動，甚至在跑的過程若發生非預期的狀況，該怎麼處理？事先的心理建設及觀察準備是很重要的。

如何判斷越野跑賽事難易度？

當我們要安排一條越野路線或是參加一場越野賽事的時候，該如何從手上收集來的數據去了解一條路線的困難度？一般來說，當收到一條越野的路線時要注意幾個要點，就是距離、累計爬升高度、時間、相對高度等數據。

判斷①：距離

距離在很多比賽中都是很重要的數值，但是在越野跑的活動中，距離不再是唯一要素，不論是比賽或是自我訓練，得知行程的距離只是基本的數據。以我這幾年參與台灣越野跑的經驗來看，通常20公里就是一個基準，20公里以內的距離，是較適合初學者入門的里程距離，20到50公里就是中長距離的路線，建議最好是有多次短距離越野經驗之後再來嘗試的中長距離路線，50公里以上的路線多歸類為長距離，100公里以上則屬於超長距離的路線等級，以國際越野協會（ITRA）針對越野跑距離的劃分則是：

● Trail: under 42km普通越野：低於42公里。
● Trail Ultra Medium (M): 42 km to 69 km中距離超級越野：42至69公里。
● Trail Ultra Long (L): 70 km to 99 km長距離超級越野：70至99公里。
● Trail Ultra XLong (XL): 100 km and more超長距離超級越野：100公里以上。

判斷②：累計爬升高度

在大多數的比賽中，很少會去注意到「爬升高度」的數據，但是隨著賽事難度逐漸提高，包括馬拉松或是單車活動中，爬升高度漸漸被人注重，而越野跑也是如此，甚至累計爬升高度是一個重要的指標數值，通常在越野比賽中會用「D+」來表示，

越野賽積分類別			
類別 Catégory	ITRA積分 ITRA Points	距離努力指數 Km-effort	完賽大約時間 Approximate time of the winner
XXS	0	0-24	1h
XS	1	25-44	1h30 - 2h30
S	2	45-74	2h30 - 5h
M	3	75-114	5h - 8h
L	4	115-154	8h - 12h
XL	5	155-209	12h - 17h
XXL	6	>=210	> 17h

※上表為ITRA自2019/1/1起使用新積分系統，新制將從2018年3月生效。

↑ 通常補給站會有大型看板，註明現在的距離以及到下一個補給站的距離，讓選手清楚知道目前已跑了多少里程，並自我衡量需要準備多少水量及補給品，也會載明關門時間，讓段後選手可以掌握時間。

D+2200m就是指累計爬升2200公尺。而在越野賽中經常看到的積分，就是綜合距離及爬升高度所得出來的數值，稱為耐力指數（Endurance），這是ITRA所獨創的一套系統，計算公式為Endurance值（即Km-effort距離努力指數）＝距離（km）＋總爬升（m）／100，所得到的數值可換算出對應表格中的積分。例如：距離100K、爬升1000M的比賽算法為 100 +（1000/100）＝110，該組別的Km-effort在 75~114 之間，歸類為M，獲得ITRA 積分3分。

判斷③：時間

在越野比賽中要注意到的時間就是「關門時間」，關門時間不只有在終點線前，多數長距離或是長時間越野賽都會設定中途關門時間，通常設定的關門時間都位在補給站，開賽後幾個小時內未達該補給站的跑者，則被關門，或是設定幾點幾分，逾時者則被關門。如果是自主越野跑的活動，則完成時間就是一個重要的參考依據，搭配著前述兩個數據，從距離長度、完成時間以及爬升高度，來推估自身對於這條路線的完成時間，通常以每爬升100公尺花費10分鐘來推估。

判斷④：相對高度

判斷路線的相對高度，才能夠準備好恰當的裝備，例如從海拔2500公尺開跑的越野路線到越過3000公尺的高度，雖然爬升高度可能不到1000公尺，但是相對高度卻是屬於高海拔地區，所準備的裝備就會跟低海拔的略有不同，也包含了訓練方式的差異等。

以上所提數據，應該要整合起來評估，並非從其中一項就能一窺路線的奧妙，例如一條30公里的越野路線，對於一位馬拉松跑者來說是可以達成的里程數，但是這30公里的越野跑可能要累計爬升超過3000公尺，這就不是一場馬拉松時間內能完成的賽事。

　　若要評估這類賽事的完成時間，除了根據大會提供的賽道各項參數，另外一個不可言傳只能意會的就是「經驗法則」，利用多場的賽事經驗來綜合評估才能更加精確地推算出自己的完成時間。

　　我認為一個優秀的越野跑者，必須要能夠精確地推算出，個人設定的目標賽事應該要完成的時間，而成績的誤差應該要在合理的範圍內，這表示優秀跑者對於賽道的掌控性，還有自身的訓練週期、賽前狀態調整都有十足的把握。

撤退的勇氣——身體狀況差、天候不佳、無法抵達預定關門點

　　過去的登山活動中，一直有一句話留在我的心中：撤退比前進需要更大的勇氣。面對撤退或是放棄，確實是一件令人難以下的決定，總是會萬分猶豫不決，這時候就是要勇敢地面對自己，山永遠在，面對大自然我們唯有抱持著謙卑的心，才能夠平安的完成行程。

↑日本OSJ御嶽越野賽是阿虎隊長第一次挑戰100公里賽事，雖然沒有完賽，卻獲得了寶貴經驗。

在越野賽場上也是如此，尤其是百公里以上的超級越野賽，比賽時間長達24小時甚至36小時以上，選手除了要面對體能上強大的考驗，還要經歷日夜不眠不休的生理挑戰，當身心都達到臨界點的時候，就是人性最脆弱的時刻。有些人可以挺得過，當然也有人無法挺過，大家面對壓力的抵抗性都不

一樣，不能說因為別人可以撐得下去，自己也要不惜代價的堅持比賽！別人可以也許是因為在比賽前的訓練已充分準備，這包含了訓練的強度、訓練的質量等等。

「傾聽身體的聲音」這句話不是說說而已，只有誠實面對自身狀態，別人無法幫你判斷，一場完美的越野賽事，不是通過終點的那一刻！而是平安回到家門的時候。

自己首次參加日本百公里越野賽的時候，自我評估當時的狀態十分良好，比賽是半夜12點開跑，很順利的挺過了4點多最嗜睡的一段時間，當里程來到50公里左右，膝蓋舊傷正式引爆，開始走走停停，看著賽道的選手一個個刷卡而過，我就像是戰敗的鬥雞，垂頭喪氣地走著，腦中反覆思考怎麼樣才能加快速度，嘗試了多次再度跑起來，膝蓋卻在強烈抗議，幾經掙扎後來想通了，畢竟比賽還有很多場，但是健康的身體只有一個，等傷勢養好都還有挑戰的機會。轉換想法後，我便決定走到補給站棄賽，結束第一次的百公里賽。

再次挑戰百公里越野的時候，是參加「香港逆走100」，賽前依舊信心滿滿的站在起跑線上，腦中反覆思考的是12小時以後的狀況，且在比賽之前已經參考很多前輩的百公里經驗，我最想克服的是嗜睡，因為半夜在賽道上想睡覺會容易發生危險，心中的打算是讓自己不斷的思考，自己跟自己對話，另外一點就是控制飲食，因為自己的腸胃不佳，最好減少吃到不適應的食物，而我個人不愛吃泡麵，所以在補給站都選擇水果類的食物。

賽事亦如預期的來到50公里，接下來準備進入夜間賽段，離開補給站前，自己默默地告訴自己：穩穩地前進，時間以及身體狀況都保持得很好，堅持下去！來到70公里，體能急速流失到有點撞牆，所以在補給站多休息了10分鐘，重新調整。到了半夜12點，路程剩下最後的25公里，我確信可以完成賽事，但是心理上是比較孤單的，因為這場賽事只有我獨自出國挑戰，所以利用在補站休息的時間跟太太報平安，她也給我鼓勵，帶著家人的祝福重新充飽電，讓我有足夠的精神回到終點。

越野賽事易受環境與氣候變化的影響，記得2016年的環富士山越野賽，因為天候的關係，連日的低溫大雨，增加了比賽的困難度，更嚴重影響賽道的安全，還有部分路段溪水暴漲，所以主辦單位直接宣布縮短比賽距離。對此，當然有部分選手會埋怨，但這些決策都是為了保護選手的安全。還有一次因為賽事要調整到四月舉辦，籌備期間過短，決定2017年停辦一年，由此也可以看出日本人對於賽事的細心與決心。

←↑香港逆走100是阿虎隊長首場百公里完賽的越野賽，成績雖不理想，但看到自己許多可以改善之處，而且跑100公里是會上癮的，回到台灣之後一直有意猶未盡之感。

12條非跑

阿虎隊長精選 12 條台灣郊山、中級山到高山百岳的越野跑路線，每條路線都親自跑過，從一望無際的草原地形，到手腳並用的攀爬岩壁、挑戰跑者肌力的碎石坡，或是樹根盤錯的林地。每條自然山徑都各有迷人之處，探索極限之外，美山美景也是大自然給跑者最好的禮物。

不可的越野路線

先苦後甘・前陡後緩
陽明山
西東大縱走

路線簡介

　　陽明山東西大縱走，這是一條非常經典的台北登山健行路線，早期由陽明山國家公園管理處規劃出十顆山峰，設置拓印的木樁，分別寫下「陽明山東西大縱走活動」正好十個字，因此大縱走成為了許多進階山友挑戰的一日路線。十顆山峰由東到西分別為：頂山、石梯嶺、竹篙山、七星東峰、七星主峰、大屯主峰、大屯南峰、大屯西峰、面天山、向天山。

　　陽明山國家公園內的步道系統十分發達，登山口眾多且路線四通八達，而一般大家所說的大縱走的起終點，東起風櫃嘴涼亭入口，西進北投清天宮，多數的隊伍都是安排由風櫃嘴入山，東進西出的走法，抵達北投清天宮後可以搭乘公車下山。

　　本次行程安排為西東大縱走，其考量有兩點，首先，東西大縱走的行程是較多人熟悉的路線，選擇西東縱走的方向，以期呈現不同風格。其二，北投清天宮的交通相對於風櫃嘴來的方便，從捷運北投站搭乘「小6」中型巴士，即可直達清天宮。

📍 台北市士林及北投區、新北市淡水、三芝及萬里區
📍 累計爬升 1728m ／來回距離 25.2km

● **類型：**郊山
● **途經山岳：**向天山、面天山、大屯主峰、大屯西峰、大屯南峰、七星主峰、七星東峰、竹篙山、石梯嶺、頂山
● **難易度★★**
● **路面狀況：**石板、石階、土石、柏油
● **預計時間：**越野跑約莫 5～7 小時（健行約 11～13 小時），路線完成的時間因人而異，必須考量到天候狀況以及隊伍人員。

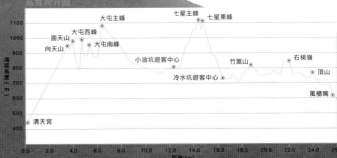

高度爬升圖

行程安排

北投清天宮→向天池→向天山→面天山→面天坪→大屯西峰→大屯南峰→大屯主峰→巴拉卡公路（百拉卡公路）→小油坑遊客中心→七星主峰→七星東峰→冷水坑遊客中心→擎天崗遊客中心→竹篙山→金包里大道口（擎天崗城門）→石梯嶺→頂山→風櫃嘴涼亭

阿虎的陽明山西東大縱走越野筆記

📍上午10:30從北投捷運站搭乘小6的巴士往北投清天宮，約莫30分鐘的車程即到達清天宮，稍微整裝一下便出發，沿著清天宮旁邊的馬路上行，馬上就可以看到「面天山-向天山步道」的路口。

清天宮登山口是一連串的石頭階梯，循階梯而上的路程頗陡，很快心跳就拉了上來了。

出發 1 北投清天宮 ──────── 2 向天池

📍來到第一個岔路口取左往面天山、向天池步道，陽明山西東縱走的第一個景點就是向天池，也是陽明山國家公園境內最完整的火山口遺跡，形狀為一個漏斗狀，直徑大約370公尺，底部平潭大多數時間成為乾枯狀態，其中有一顆大石頭，雨季過後池底會積水，則可尋找鵠沼枝額蟲，俗稱「向天蝦」。

→此路線特色就是階梯吃到飽，從清天宮到向天池全是階梯，從向天池上到面天山、向天山也都是階梯，可以在向天池環型步道稍微調整呼吸節奏再前進。

36

在向天山蒐集到「陽明山東西大縱走活動」拓印的「動」字。

📍向天山海拔高度949公尺，是西東縱走的第一顆山頭，山頂普通，就位在步道旁，站在山頂最容易看到的就是對面的面天山，另外一側則可以清楚的看到淡水三芝一帶的海岸線！

從向天山望向面天山，山頂的雷達反射板就是最好辨識的目標物。

③

向天山

這兩座山的特色就是距離短而階梯急上，西東縱走的好處就是先跑完這些擾人的階梯，先苦後甘！

乾枯的向天池，這也是大多數時間向天池的模樣。

📍面天山海拔高度977公尺，山頂最明顯的特色就是兩面大型雷達反射板，另外一面還有架設觀景平台可以眺望淡水河出海口及北海岸的山水美景，不過我沒有這麼多時間可以好好欣賞，匆匆地跟面天山的拓印柱拍照之後便繼續出發。

在面天山蒐集到「活」字拓印。

─────────── 4 ─────────── 5 ───────────
面天山 **面天坪**

📍來到面天坪的涼亭，一旁有指標往大屯西峰，指標明確也是陽明山大縱走一大優點。

在大屯山西峰蒐集到「走」字拓印。

大屯西峰的山頂展望極佳，一旁可見剛才經過的面天山、向天山，另外一側可看到等下要前進的大屯山。

6

大屯西峰

大屯西峰跟南峰除了上下山頭都需要拉繩之外，路況也特別的泥濘濕滑。

📍往大屯西峰（標高982公尺）的路上，沿路幾乎都有架設繩索作為輔助，路徑上由許多的石塊及樹根交錯的天然階梯，高低落差參差不齊，行進起來頗具挑戰性。越接近山頂路況越為陡直，每走一步氣喘吁吁，面對這樣的極陡地形，保持一個字的原則就是「穩」。

 貼心提醒！

離開大屯西峰下山的方式跟上山一樣，拉繩陡下泥巴濕滑，若是不習慣這下降的方式，可以考慮直接坐下緩慢移動，或是考慮背向拉繩而下。

往大屯西峰南峰，路徑轉為拉繩陡上的泥巴地形，此時可以放慢腳步選擇好踏點，避免打滑而更費力，一手稍微拉繩索做為一個輔助向上。

39

📍往大屯南峰（標高957公尺）的這段路況，跟剛才的大屯西峰相比有過之而無不及，先是一段平緩的小山徑後，開始陡上沿途多數需要拉繩，必須慎防腳底打滑。

在大屯南峰蒐集到「縱」字拓印。

7

大屯南峰

整個陽明山大縱走的路況，以大屯西峰南峰最為原始

📍 從大屯南峰下山之後，接回二子坪上大屯主峰的連峰步道，又回到階梯地獄的大縱走路線，從這個岔路口到大屯山0.6公里，扎扎實實地搞了12分鐘，才爬上大屯山主峰（標高1092公尺，小百岳排名第一）！

位於大屯山頂著名的大屯山助航站，這邊除了有山友、越野跑友還有更多的車友在此會合。

從大屯山觀景台往西邊方向往去，可以看到來時路，左起大屯南峰、大屯西峰、面天山等山頭，頓時有種成就感！

8

大屯主峰

累積5個拓印點，路線完成1/3。

大屯山主峰的觀景台往東可清楚看見文化大學、紗帽山、七星山等景致。

離開大屯山頂往鞍部登山口前進，除了一段的柏油路連結之後進入步道，約莫1.1公里的階梯下坡，跟大屯山車道形成人車分道的平行線而下，跑出了鞍部登山口，接上101縣道即所謂的巴拉卡公路，向右轉循著馬路繼續前進，即看到了棧道觀景平台，午後陽明山容易起霧，下一秒小油坑就淹沒在雲霧當中！

從巴拉卡公路觀景平台可以挑望著竹子湖及小油坑，這時候剛好是櫻花盛開的時候，更增添陽明山景致變化

9
巴拉卡公路

10
小油坑遊客中心

面對眼前的大霧籠罩，決定先去遊客中心的販賣部補給，吃飽了再上，還好這霧來得快去得也快，繼續面對階梯地獄大魔王的挑戰，從小油坑登山口上到七星山主峰約1.6公里，全程都是石階梯人工步道，這段路還會經過滿滿硫磺味的地熱地區，必須要小心減速前進。

七星山主峰的山頂腹
地廣大空曠，設有大
平台供山友坐臥。

11

台北市第一高峰

七星主峰

📍約莫花了30分鐘來
到七星山主峰（標高
1120公尺），全台北最
有名的柱子大概非它莫
屬了。

在七星山主峰蒐集到
「西」字拓印。

在七星山東峰蒐集到「東」字拓印。

📍 山頂的天候瞬息萬變，不得不加緊腳步往此行的第七座山峰——七星山東峰（標高1107公尺）前進，兩座山峰比鄰而居，一下一上便來到，完成第七根拓印柱的拍攝。

→ 七星山東峰的石頭階梯，部分呈現不規則的落差，往上爬的時候會心跳加速，兩腿的四頭肌迅速堆積乳酸感到無力，往下走的時候，要確實把握每個腳點，大落差地形容易增加膝蓋的負擔。

12

七星東峰

從七星山東峰下山的途中，雲霧大開，可以清楚看到七星公園，以及教育廣播電台的發射台。

📍轉眼間來到冷水坑遊客中心，牛奶湖觀景台、菁山吊橋及擎天崗步道入口就在不遠處。

13 冷水坑遊客中心

14 擎天崗遊客中心

📍從冷水坑出發，馬上就會經過菁山吊橋，過橋後要右轉步道，直行會接去柏油路，快馬加鞭地跑到擎天崗遊客中心，這時花費了4小時10分鐘，心裡盤算一下後半段的行程，目標在6小時內完成大縱走，應該還算充裕，進去販賣部再次補給，並稍作休息後再上路。

菁山吊橋是過了冷水坑遊客中心，通往擎天崗步道的重要地標。

45

📍下午3:40完成竹篙山的拍攝，轉身離去，竹篙山海拔830公尺，是整個大縱走路線中唯一要來回的山頭，所以我選擇走環形步道一圈，回程直接接回金包里大道的入口處。

15
竹篙山

16
石梯嶺

在竹篙山蒐集到「山」字拓印

在石梯嶺蒐集到「明」字拓印。

📍剩下最後不到5公里的路程，石梯嶺及頂山都在步道上，只可惜午後起霧沒展望，只有低頭的努力往前跑，可是這段路牛糞味特別的濃，又看不清楚前方路徑，其實深怕牛群擋在步道上，來到了石梯嶺（標高865公尺）匆匆拍照後繼續往前。

📍 來到頂山（標高768公尺），恰好有兩張木製椅子，坐下來拍張照，完成大縱走的十根拓印柱，看看時間總算也是趕上在預期內！

 貼心提醒！

由陽管處所推出的拓印活動，當山友完成「陽明山東西大縱走活動」拓印後，可至陽明山國家公園遊客中心販賣部（第二停車場對面）受理收件及審核，並頒發完成紀念證書。

──（17）── 頂山

終點 風櫃嘴涼亭

📍 下午4:45來到風櫃嘴涼亭，完成今天西東大縱走的行程，最後花費5小時40分的時間，總里程25.2公里，天空開始落雨，半刻不敢多做停留，沿著步道往下跑，要去至善路趕公車，所幸在天溪園附近被熱心人士搭載到公車站，順利結束這個回合！

跑上恆春半島最高峰
里龍山

路線簡介

　　里龍山位在屏東獅子鄉與牡丹鄉的交界，而登山口就在台26線（屏鵝公路）省道上，山頂海拔1062公尺，是恆春半島第一高峰，唯一海拔超過一千公尺的山頭，也是台灣小百岳之一，山頂設有一等三角點及一等衛星控制點，屬於南台灣知名山頭。

　　里龍山有兩個登山口，一個是「北登山口」，位在台26線往南，3.5公里處左轉往圓東庵牌樓，由鯉龍山人文紀念館起登。其二是「竹坑登山口」，位在台26線往南，6.5公里處左轉入苦苓巷，往上約2公里至路底有空地可停車，即為里龍山竹坑步道登山口，有林務局的路線指示牌。

　　阿虎隊長這次藉由旅遊之便來到墾丁，順道跑跑南台灣不同的山徑路線，而安排了半日的里龍山越野跑。

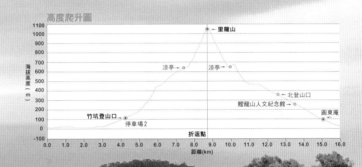

📍屏東縣牡丹鄉、獅子鄉
📍累計爬升 1007m ／總距離 9.33km

● 類型：郊山
● 途經山岳：里龍山
● 難易度★
● 路面狀況：土石山徑、石階、原始路徑
● 預計時間：本次從竹坑登山口起程，越野跑約 4 小時可完成（健
　行約 6 ～ 7 小時）

高度爬升圖

行程安排
竹坑登山口→休憩區→北登山口→休憩區
→里龍山三角點→休憩區→竹坑登山口

阿虎的里龍山越野筆記

📍這次由老婆大人一起陪同，我們選擇由竹坑登山口出發，她用登山健行的方式往山頂走，我則計畫越野跑到休憩區之後，先轉下北登山口，再從北登山口跑回休憩區，然後才上里龍山三角點。

 貼心提醒！

1. 竹坑登山口，前半段多處沿著溪谷上行，避免在豪大雨、颱風來臨時攀登，溪谷容易溪水暴漲，此外里龍山的山徑落差大，上坡時較為耗費體力、肌力，下坡時要留意落腳點，避免滑倒或是踢到石頭、樹根等跌倒。
2. 距離短但是爬升多，上山前請準備足夠水量，避免路途缺水。

出發 ①
竹坑登山口

📍前半段路線多半沿著溪谷的兩岸前進，且都有完整的路徑可以通行，有些路段沿著溪旁大石壁而上，也都有堅固的繩索做安全輔助。

沿著溪谷旁的山壁而行，有架設堅固的繩索作為安全輔助。

📍會經過一座只容隻身一人而過的吊橋，可能是下切溪床過溪的原始路徑被沖毀，因此搭了此吊橋，意外成為山徑上拍照的景點。

2

吊橋

3

休憩區

📍從竹坑登山口往休憩區約2.63公里的第一段路程，很迅速地完成，來到偌大的休憩區（鞍部休息區），一時間還以為來到某露營區，有木造涼亭、木頭桌椅、平坦空地、小溪流，看到指示牌才回過神來，我該趕快往北登山口下去，因為跟老婆約定山頂相見，無法逗留。

↑不論是北登山口或是竹坑登山口上來的山友都會在此區稍為歇息，有些親子隊伍走到此處後就下山了。

📍從休憩區往北登山口的路程約2.55公里，路徑也如同竹坑登山口的山徑十分明顯，不到半小時的時間已經來到登山口，相較於下山速度飛快，轉身上山要跑回休憩區，才發現原來剛才下了這麼多距離。

↓北登山口路徑一景，部分路徑被豪大雨沖落流失，這也是步道系統常見的景象，但是山友的團結力量大，依舊利用地貌地物建構出路徑的雛形，讓後續的山友可以循路基前進。

連續的石頭階梯是郊山路徑最常見的地形，時而乾燥時而濕滑，高低落差不一，隨機應變也是越野跑的樂趣之一。

④

北登山口

📍從休憩區到里龍山頂雖然只有短短的1.3公里，但是爬升高度卻有300公尺，可想而知是較為陡升的路段，而且盤根錯節，難怪有些隊伍只走到休憩區就折返。

→建議上坡時可利用堅固的繩索作為輔助支撐，下坡的時候，放低重心，雙手微張作為平衡或是預防滑倒時的支撐，再者就是腳點的選擇，因為南部的山徑較為乾燥，所以直接踩樹根不至於會打滑，但要留心不要被樹根絆倒。

📍登頂里龍山，山頂有一顆大巨石，站在巨石上視野遼闊，我想這也是這顆山頭吸引人的地方，可惜今天的風有點大，天空有點灰灰的，但還是可以清楚看到恆春半島的山海美景，東邊可看到旭海海岸線，南面有墾丁國家公園，西邊為枋山車城等，不虛為屏東熱門的路線之一。

→里龍山設有一等三角點，標高1062公尺。

里龍山的山頂腹地算大，有一大巨石，是大家合影留念及遠眺風光的最佳選擇。

恆春最高峰

5

里龍山三角點

終點

竹坑登山口

從里龍山頂望去，可看見恆春半島的山海美景。

📢 **貼心提醒！**
....

里龍山步道算是一條小巧的越野路線，阿虎隊長推薦可以從竹坑登山口出發，上到休憩區後，可再上到里龍山頂，下山可從北登山口方向下來，再循道路回到台26線上，慢跑回到竹坑登山口，完成一項環型越野跑。

探訪迷霧森林、
斑駁日軍遺址
比大鳥

路線簡介

　　比林山、大窩山、鳥嘴山是新竹山區中頗具知名的中級山，簡稱為「比大鳥」，雖然名稱不太好聽，卻很有記憶點，也是條不錯的中級山路線，若是連同鵝公髻山一起連走，就稱為「鵝比鳥大」，難度瞬間提高，成為具有挑戰性的路線。

　　這次的行程由當兵時期的學弟與我一同前往，我們安排了兩個小O型的山徑越野路線，由八角涼亭出發，先登鳥嘴山，再循稜線山徑往大窩山及比林山，回程腰繞大窩山下山到大水塔（大窩山登山口），循產業道路回到八角涼亭，全程大約15公里。

貼心小提醒》
行車終點的八角涼亭，山區道路辨識不易，除了看地圖外，亦可使用導航搜尋「鳥嘴山露營區」，但導航也可能出錯，最好在每個山區路口都要留意是否有露營區指示牌。

📍新竹縣五峰鄉、苗栗縣南庄鄉
📍累計爬升 1116m ／總距離 15km

● 類型：中級山
● 途經山岳：比林山、大窩山、鳥嘴山
● 難易度★★
● 路面狀況：土徑、產業道路
● 預計時間：越野跑約莫 4 小時左右

高度爬升圖

行程安排
八角涼亭（鳥嘴山露營區）
→鳥嘴山→大窩山→比林山
→大窩山→大窩山登山口
（大水塔）→八角涼亭

阿虎的比大鳥越野筆記

📍我們從台北出發，經過約兩小時半的車程，來到八角涼亭的行車終點，一般都會到這裡下車，或是到旁邊的露營區付費停車。

> 從八角涼亭右邊的產業道路出發，跑入山林。

出發 **①** ────────────

八角涼亭

↑前往比大鳥稜線的登山口，循此入口上山，路基明顯，沿途有路條指引。

📍出發後，前進約莫10分鐘即可看到左邊有指示牌，沿途幾乎一路陡上，還好四周都是優美的人造杉木林，筆直的杉木令人感到精神抖擻，暫忘路陡人喘的窘境。

↑人造杉木林的路線相對舒服好跑，雖然上坡有點陡，只要把握腳點的踩踏，減少直接踩到樹幹而打滑，就可以更省力。

📍大約花了45分鐘來到鳥嘴山，標高1551 公尺，山頂有兩個基點：三等三角點及森林三角點。同行的學弟因前晚腹瀉不適，只好先下山休息，剩我繼續向前跑。

↓這是五峰的鳥嘴山，新竹地區有三個鳥嘴山，分別是：尖石鳥嘴山（內鳥嘴山）、關西鳥嘴山（外鳥嘴山）、五峰鳥嘴山。

 貼心提醒！

一般登山活動，會以摸到三角點當成登頂的象徵，事實上三角點就是繪製地圖的「三角測量基點」，通常選擇較突出的山頭打樁、埋設基石，成為三角點的位置。臺灣三角點的等級由大到小分為四級，一等三角點的半徑常達到數十公里，在山頂展望最為遼闊，其次為二、三、四等，而四等又稱為森林三角點、圖根點。

②

鳥嘴山

📍一個人在山徑上跑著，有種壯士一去不復返的感覺，且不到中午就起了大霧，無法放慢腳步欣賞附近的山頭稜線。面對迷霧森林，事前準備詳細的行程記錄，有助於在山林中迅速前進的同時，也能清楚地知道下一個點，跑起來更加安心。

中級山的路徑常見到指示牌，尤其以「藍天隊」的為主，幾乎在重要岔路口的明顯樹幹上都有，稍微留意指示牌的標示，可以掌握山徑方向，免於迷途風險。

📍來到大窩山，標高1642公尺，山頂有兩個基點：三等三角點及森林三角點，拍張照喝口水補給一下，看看時間，已經11點了，從早上9:10出發到現在，約莫2小時的時間。

↑大窩山的三角點。

📍大約中午時分，總算在預期的3小時內到了比林山，一樣是森林山頭，四周沒有太好的展望，但是這山頂卻有三個三角點，比較前兩顆山頭多出來的基點是「水資源基石」，一人獨享山林悠閒，一個個三角點都來拍一張，此行三個山頭總共七個三角點，還真的是大豐收啊！

↑比林山頂，有三個三角點。

3

大窩山

從大窩山延伸到比林山的路徑，多半平緩可跑性高。

4

日軍營區遺址

📍往比林山的路徑，跟前面山徑一樣明顯可辨識，還有黑色水管一路延伸，除了驚嘆這裡怎麼會有這麼長的黑色水管外，也要注意不要一腳踩上水管，不是怕踩破，而是要避免打滑扭傷腳踝。指示牌上寫著「日軍營區遺址」（或古早厝地），顯然跑到昔日的軍事要塞區了。

↑斑駁遺址旁可看到黑色大水管，不知道延伸到哪？跑時避免踩在水管上，預防打滑受傷。

📍在山頂休息吃午餐拍照,大概休息了15分鐘,準備原路折返,差不多花了40分鐘回到大窩山的山腰路,直接走山腰路下山往大水塔登山口出去。山腰路的林相依舊是筆直大片的杉木林,一邊欣賞杉木林,一邊留心落腳點,以免意外扭傷了腳。

指示牌上的「六角亭登山口」其實就是「八角亭登山口」。

---

⑤
比林山

⑥
大窩山登山口(大水塔)

終點
八角涼亭

大水塔登山口的路徑樹幹上綁滿了路條,想錯過都難。

📍腰繞路過後急速轉為陡降山徑,路的盡頭就是大水塔,從水塔往山徑入口望去,布滿明顯的路條。來到大水塔就循著產業道路一路往下奔跑,不到20分鐘就回到八角亭停車處,完成這趟行程。

高聳入天的杉木林區
高台島田

路線簡介

　　高台島田對於不熟悉的人一聽之下，還以為在叫那個日本人？其實這是山頭名稱：高台山以及島田山。以台灣中級山來說，高島縱走算是一條有陡度也有景色的路線，全程都在1000公尺以上的海拔高度，稜線上可以遠眺尖石及那羅部落等山區，沿途奇形怪狀的樹木林立，更有許多筆直高聳的杉木林，是典型的中級山路線。

　　從第一登山口出發就是連續爬升500公尺，只要克服第一關的陡升路段，可說已經完成一半，在接近島田三山附近則變化窄稜線，不時需要拉繩攀爬，繩子架設牢固，安全無虞，且來回全程距離不到10公里。

貼心小提醒≫

1. 往高台山的登山口屬於偏遠山區，除自行開車外，可請登山接駁車代為安排交通，建議多人同行較為安全。

2. 往第一登山口最後5公里的產業道路，多處路幅狹窄，會車不易。

3. 越野山徑有多段需要拉繩或是攀爬，兩側崖壁險峻，小心通行，切勿心急。

📍新竹縣尖石鄉
📍累計爬升970m ／總距離9.5km

● 類型：中級山
● 途經山岳：高台山、島田山
● 難易度★
● 路面狀況：土石山徑、松針落葉路、樹根岩稜路
● 預計時間：從第一登山口出發，循稜線經過島田三山，再循山
　　腰路返回下登山口，越野跑約莫3小時左右。

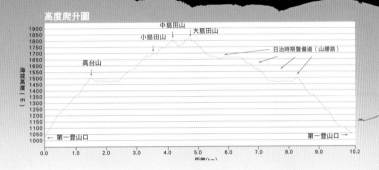

高度爬升圖

中島田山

小島田山　大島田山

日治時期警備道（山腰路）

高台山

海拔高度（m）

第一登山口　　　　　　　　　　　　　　　　第一登山口

往那羅

第一登山口

N

高台山
1510m

小島田山
1670m

中島田山
1800m

高島觀景台

大島田山
1824m

山
腰
路

三叉路口　　→往東穗山

往石麻達山

行程安排
第一登山口→高台山→高島觀景台→
（稜線路）小島田山→中島田山→大島
田山→（山腰路）高台山→第一登山口

阿虎的高台島田越野筆記

📍一行人開車從新竹內灣往尖石方向，右轉過尖石大橋，竹60線左轉過錦屏大橋，經過青蛙石，約竹60線5.9K，取右岔路過柿山大橋，之後循著「高台山露營區」的指示牌上行約5公里，即可看到高台山登山口的岔路指牌，此處即為第一登山口。

第一登山口，海拔1050公尺，空地處大約可以五至六台小型車。

出發 **1** 第一登山口

登山口起登後，就是連續陡升，還好柳杉林相優美，讓人忘卻腿痠。建議一開始不要仗著體力充沛就加速往上爬，因為後續路程還長。

2 高台山

📍這次是輕裝越野跑的前進模式，較登山速度來得快，不到50分鐘的時間，已經來到高台山（標高1510公尺），山頂腹地不小，約可容納三十人，稍事休息拍拍登頂照之後，繼續往島田山的方向前進。

↑高台山山頂腹地寬廣，除了來時路外，另有一條通往小錦屏溫泉的路線，通常我到岔路口的時候都會四周巡查一下，尤其是察看岔路口是否有登山指引牌，可以知道岔路是通往何方，也讓自己多一個記憶點，回程時避免走錯路。

↑高台山有兩個基點：三等三角點及森林三角點。

沒多久就來到觀景台，是以就地取材的木頭搭建的休息區。若無雲時，可見尖石那羅群山，風起雲湧時，雲海就是最佳寫照。

從高台山出發，沿途依舊是杉木林，山徑則是松針鋪地，踩踏起來猶如在彈簧床上跳躍，大伙帶著愉快的心情飛奔出去。

3
高島觀景台

在觀景台稍事休息，眺望遠方山群

可以準備工作手套或是單車手套，遇到攀爬拉繩區可以戴上使用，個人偏好單車手套，可露出指節，攀爬時較易抓到手感。

📍高台山到小島田山起伏不大，大約爬升150多公尺，大家行進速度一致，過了小島田（又稱島田前峰，海拔1670公尺，無基石）之後就開始明顯走在窄稜線上，兩側都是險峻山谷，還好植披披樹木仍多，也有固定繩索輔助，但是這段路線需要小心通行，最好前後互相照應，勿操之過急。

←島田三山附近都是循稜線而行，往上攀爬的時候，要先抬頭看一眼，確定沒有樹幹或是倒木在頭上，避免往上一蹬剛好直撞樹幹。拉繩時要留意繩索的新舊程度，當力量加上去時太老舊的繩索可能斷裂，且身體重心要保持靠近山壁，以策安全。

4

小島田山

5

中島田山

📍很快來到中島田山（又稱島田中峰），海拔1800公尺，無基點，拍照留念立即前進。

↑大島田山，海拔1824公尺，無基點，山頂的巨木紅檜獨具特色。

📍中島田山到大島田山這段路，除常常需要手腳並用外，山徑走起來十分舒服，腳下踩踏的路徑，因為樹根的盤踞，顯得鬆軟有彈性，而這片杜鵑林讓人心曠神怡，完全忘記之前汗如雨下的辛勞，可以悠閒的在大島田山山頭吃午餐，準備結束這個回合。

 貼心提醒！

高島縱走是條熱門的中級山路線，具有四通八達的山徑，因此遇到岔路時，要留意路上或是樹上的指示牌，我的作法是會利用手機拍下岔路口，還有路口的指引牌，照下來之後會有到達這裡的時間，在回程的時候萬一忘記路線或是花費時間，就是利用手機照片來回憶推算時間，有助於行程的流暢。

⑥
大島田山

終點
第一登山口

📍回程的路線略有不同，續行經過大島田山之後，約3分鐘就會來到一個三叉路口，可以沿指示牌往東穗山及石麻達山，這也是「日治時期警備道」的舊路線（即山腰路或腰繞路），所以沿著島田三山的山腰回到高島觀景台，整段回程大約花了一小時，然後再下山返回登山口。

←相較於上山時多半只能快走或是小跑，回程時可以盡情地跑跳，原始林相的山徑就是樹根特別多，如果是乾燥地面可以直接踩在樹根上做為重心的轉換，但遇到松針鋪地，先看是否有樹根延伸被覆蓋著，以及遇到潮濕山徑，都要避免直接踩上樹根，減低打滑的風險。

65

神木、湖泊、山頭一次全包

神代山

路線簡介

　　神代山路線可以說近幾年又被開通的中級山登山路線，路線由留茂安部落上山，再循嘉平林道造訪神代神木、神代池以及神代山，由於林相優美，路經又清楚，因此成為宜蘭登山的熱門路線之一。

　　神代山來回，可以一飽神木、湖泊、山巒，一條路線大大滿足，若是腳程更好的人可以安排接駁車，走神代山—加羅神社—四季林道的路線，全程約30公里，算是挑戰級路線。

　　此行因隊友較多，有昔日登山社的夥伴也有越野跑的朋友，出發之前就先說明以快走的模式為主，較一般登山行進速度快，又沒有真的跑起來，這樣的設定是期望不同喜好的人能互相體驗，二來也讓隊伍能夠同進退、不分散。

> **貼心小提醒》**
> 1. 中級山路線建議多以長袖、長褲為主，可以防螞蝗、防有刺植物及雜草割傷。
> 2. 記得攜帶鹽巴，可用鹽巴撒在吸在皮膚上的螞蝗，牠就會自行脫落。
> 3. 山上收訊不良，出發前記得做功課，上網下載GPS航跡圖。

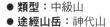

📍宜蘭縣大同鄉
📍累計爬升 1100m ／總距離 13km

● 類型：中級山
● 途經山岳：神代山
● 難易度★
● 路面狀況：產業道路、土徑、沼澤
● 需申請入山許可證
● 預計時間：快走含休息、拍照約7小時，
　　　　　　若全程越野跑預計4小時可完成。

行程安排
留茂安登山口→嘉平林道→林務局嘉蘭造林中心區
鐵牌→神代神木→神代池→神代山（折返）

阿虎的神代山越野筆記

📍一行人早上5點集合後，從台北驅車前往宜蘭四季，這次計畫是登山快走的模式，登山口就在留茂安部落的射箭雕像對面，大約8：45起登。一出發就是在密密的箭竹林中往上鑽，不僅路陡還很濕滑，這個登山口也是取代原本在台七甲公路上德荃橋的登山口，可能是剛開闢，路況還不是很好。

↓因原訂路線會經過當地人的農園，才由山友打造出這條由留茂安登上嘉平林道的路線，路況不佳，不時要低頭鑽樹幹，或硬拉樹幹支撐。

出發 **1**

留茂安登山口

↓偶爾可以從箭竹林中看下去，可以清楚看到蘭陽溪寬闊的河床，舒緩一下苦悶的陡上坡。

📍早上10點來到嘉平林道上，海拔突破1000公尺，林道上路況大多數都十分明顯，還有陽光從枝葉縫隙灑下，在優美的林相還有涼爽的氣候下，令人心曠神怡。

② 嘉平林道

↓嘉平林道是典型的林道，路徑清楚，若遇平坦的路，可大步邁進。

📍過了「林務局嘉蘭造林中心區」鐵製告示牌，因靠近溪溝的水源地，路面泥濘濕滑。嘉平林道仍保有較為原始的林相，也有多處的小坍方，還好都有清楚路徑可指引，行進不會太困難。

↓已廢棄的「林務局嘉蘭造林中心區」鐵牌。

↑嘉平林道的路徑原始，一路上雜草倒木橫阻。

↓沿路會遇到坍方，但路徑易辨認，小心走過即可。

3
林務局嘉蘭
造林中心鐵牌

有時遇到倒木後就找不到正路，通常路徑會轉向樹幹的下方，可以彎腰低頭鑽過去，或是抬腳跨越樹幹上方。

📍林道上常見崩塌地形，可能是土石崩塌或倒木倒塌，阻擋了前進路線，遇到崩塌地時，先環顧四周，看看路線是改取高繞還是下切通過，千萬不要看到倒木或落石就直接攀爬過去，徒增危險。

大約11:10，來到巨大的神木前，嘉平林道的原生紅檜多數被砍伐，神代神木是倖存者，隊員跟神木相比顯得特別渺小。

④
神代神木

在神木區休息了10分鐘，揮別神木往神代池繼續前行，林道上有明顯的路條指引，約莫兩三分鐘就可以看到神代池，不過周圍泥濘潮濕，猶如沼澤，看到湖泊就興奮向前的隊友，無不腳陷泥沼，換得泥巴鞋一雙。

→神代池小而幽靜，在水池的附近就是沼澤地，我們才一靠近神代池就變成泥巴鞋，腳拔出來時要記得勾住鞋子，免得腳拔出但鞋子還留在泥巴中。

5

神代池

📍帶的泥巴鞋開心地離開神代池，來到林道岔路口，有登山隊伍留下明顯的指示牌，選擇往神代山的方向前進，若沿嘉平林道續行，則可前往加羅神社。

6
神代山

留茂安登山口

↑神代山的山頂有一個三等三角點，四周沒有展望，合照後準備下山。

📍時間已經12：40，我們登頂神代山（標高1566公尺），山頂腹地不大，而且沒有展望，大家吃完所準備的午餐後，因天氣轉陰，便下山返回登山口了。此行為典型的中級山路線，有很陡的上坡爬升，也有平坦林道、崩塌地形，還有山頭、湖泊、沼澤泥濘以及高大神木，是一條多變化的路線。

沿溪而跑的峽谷地形
同禮部落

路線簡介

　　大同大禮部落位在太魯閣國家公園中，大禮舊稱「赫赫斯」，意指蛇聲或多蛇的地方，據說也是眼鏡蛇的意思。大同又稱為「砂卡礑」，也就是太魯閣著名的砂卡礑溪中游的上方平台的部落，近年大同大禮的部落居民組成了「同禮部落自然生態自治協進會」，由當地居民以對環境友善為前提，致力發展部落營造及生態旅遊。

　　砂卡礑步道是太魯閣國家公園中著名的步道之一，這次安排同禮部落巡禮就是採取環形的走法，由砂卡礑步道進去，經過三間屋，三間屋曾是太魯閣族的聚落，舊稱brayaw（柏拉耀），姑婆芋的意思，這裡陰濕的環境正適合姑婆芋生長而得名，過了三間屋後路線開始爬升，爬升到海拔915公尺的高度，即是大禮部落，但在岔路口選擇繼續爬升到1120公尺的大同部落，再循部落聯絡道回到大禮部落，最後再尋得卡倫步道下山。

貼心小提醒》

從接近海平面的登山口起登，會經過多處中級山地形及原始山徑，潮濕路滑增加困難度，且多處有岔路，必須充分了解路線，或由熟識路況的人帶領才較為安全。

花蓮縣大同大禮部落（砂卡礑）
累計爬升 1200m ／總距離21km

● 類型：中級山
● 途經山岳：立霧山
● **難易度★★★**
● 路面狀況：土石山徑、針葉樹根路徑、碎石、木梯
● 預計時間：運動時間7小時，休息及參觀時間約2小時，
　　　　　　總時數大約9小時。

行程安排

太魯閣遊客中心→小錐麓步道→砂卡礑步
道→五間屋→三間屋→大同部落張家莊→
達道的家→大禮部落（大禮教堂）→得卡
倫步道→太魯閣遊客中心

阿虎的同禮部落越野筆記

📍小錐麓步道就在砂卡礑隧道的外側,可連接到砂卡礑步道,是太魯閣國家公園新開闢的步道,目的是為了減少從遊客中心步行到砂卡礑步道的隧道內距離,短短的650公尺的步道鄰近立霧溪,東側入口即有垂直峭壁,故得到小錐麓之名。

→小錐麓步道在2015年11月正式啟用,距離不長但沿路風光佳。

出發

早上7點整裝出發

1 太魯閣遊客中心

2 小錐麓步道

從小錐麓步道望去就是美麗的立霧溪。

↑從砂卡礑步道口回望可看見紅色橋底的砂卡礑橋，從橋上循階而下就是連接通往砂卡礑步道的隧道形小徑。

↑步道鑿在大理石峭壁上，呈半隧道形的小徑，傍溪而行。

起跑處

③

砂卡礑步道

📍早上8：00正式從砂卡礑步道的入口開跑，這條是很親民的路線，臨溪而建，真的是鬼斧神工，處處驚奇。沿途生態豐富，並且設有觀景台等設施，還有水力發電所建築的大水塔及攔砂壩，兼具人文歷史的風情，走一趟砂卡礑必定有所收穫。

←湛藍溪水及溪床大理石是砂卡礑步道的看點。

約莫半小時來到五間屋，這邊有部落居民經營的在地特色美食，我們算是最早的遊客，所以只有小米酒可以招呼我們，同行的寶華哥不愧是在地人，幾乎走到哪都有熟識的人，老闆一直要請我們享用小米酒，礙於後面還有漫漫陡坡要爬，大家只能小飲一口，卻深深感受到原住民的熱情。

→五間屋的販賣區，也是步道途中的休憩區。

4

五間屋　　　　　　從入口到三間屋大約4.1公里

📍 抵達步道盡頭的三間屋，沒有時間多做停留，開始爬升，也是惡夢的開始，加上天氣有點悶熱，爬得大家氣喘吁吁，而此行的最大爬升路段也在此處，砂卡礑三間屋的高度大概100公尺，我們要到大同部落的標高是1120公尺，總共要爬升1000公尺。

→這段路線雖然陡，但維護的不錯，有幾段人造設施，還有指示牌的指引，此外這也是攀爬清水大山的下山路線，所以路跡清晰可辨。

⑤

三間屋

📍 早上10:15來到通往大同或大禮部落的重要路口，我們先選擇往大同部落繼續爬升，這條路線雖然比較累一些，但是走起來會比較順暢。

↑ 大同部落張家莊的房舍一角。

6 大同部落（張家莊）

📍 大家用盡最後的力氣在10:35爬上了大同部落，果然有種海闊天空的感覺，藍天白雲，還有寬敞的路徑，整個人都要飄了起來！上來的第一間就是張家莊，也是寶華哥熟識的友人，我們在此稍事休息，後面的稜線可以看到三角錐山，那又是很久以前的回憶了！

→ 從張家莊遙望遠方稜線，可看到三角錐山。

📍11:40來到林道岔路口，往「達道的家」民宿也是立霧山的登山口方向。此行雖然沒有登頂立霧山，但經過一連串的部落巡禮，並來到民宿前面的大平台時，看著前方的山脈與白雲，頓時身心舒暢，即使沒有爬上任何一座山，心靈也很滿足。

→前往達道民宿的指示牌。

7

達道的家

達道民宿前方的大平台，遼闊的山景讓人好放鬆。

在達道民宿逗留到12點之後離開，回到林道續行往大禮部落，約莫12:50來到大禮部落的岔路口，前往大禮部落的重點之一就是欣賞大禮教堂，旁邊還有大禮派出所，但目前只剩下地基。

↓指向大禮部落的指示牌。

大禮教堂為部落居民的精神信仰中心，即便遷村了，教堂仍維持良好。

8

大禮部落（大禮教堂）

大禮教堂近照，有種莊嚴的寧靜，不愧為部落的信仰中心。

大禮部落中維護相當良好的日式木屋，彷彿回到日治時代。

貼心提醒！

大同大禮部落，為「清水大山」的主要登山路線，所以每年都有為數不少的山友來此登山，一般登山行程多安排為三天兩夜的行程，以大同部落的民宿為中繼住宿點。清水大山為太魯閣國家公園內著名的中級山，更是國家公園裡四個一等三角點之一，其他三個為南湖大山、奇萊北峰。清水大山更與三角錐山、塔山和稱為「太魯閣三山」，可見其在太魯閣國家公園的地位。

9
得卡倫步道

終點
太魯閣遊客中心

 最後一段路，就是從大禮部落回到太魯閣遊客中心，依著「得卡倫步道」下山，穿梭在蓊鬱森林之間，沿途展望極佳，還有多處觀景平台，可以遠眺長春祠步道的鐘樓、遊客中心、立霧溪出海口及富世村。此行從五間屋開始，一路上就感受到部落原住民的熱情，能夠再走一回這條具有歷史情懷的山徑古道上，很值得。

←爬到高處遠眺，可看到立霧溪往浩瀚太平洋流去。

83

陡升陡降的挑戰越野
羅馬縱走

路線簡介

　　羅馬縱走路線，是指羅葉尾山到馬武佐野郡山這條稜線山徑，近年來有山友將其山徑路險整理暢通，進而吸引許多山友前來朝聖，因為這條路線景色多變，林相豐富，可以眺望南湖中央山，雪山主峰、武陵四秀、大小劍等等百岳，且會經過許多巨大原始林區，其中更有一棵千年神木，也因此被稱為「羅馬神木」。

　　羅馬縱走為典型的中級山路線，上山陡、下山也陡，若能克服陡上陡下的地形，這條路線就會變得十分有趣，下山後還有5公里的柏油路可以緩和跑，當作收操運動。

　　另外要特別注意的就是，此路線位在思源啞口附近，而思源啞口這邊因為地處蘭陽溪的上游，所以容易聚集雲霧水氣，特別是中午過後容易變天，因此要注意午後天氣的變化，雲霧湧上時會變得濕濕涼涼的，不可輕忽。

> ◎宜蘭縣大同鄉、台中市和平區
> ◎累計爬升 1200m ／總距離 16.5km

- **類型**：中級山
- **途經山岳**：羅葉尾山、馬武佐野郡山
- **難易度**★★
- **路面狀況**：溪流、碎石坡、防火巷松針土路
- **預計時間**：山徑越野 11.5 公里，預計費時 3 ～ 4.5 小時，公路 5 公里，預計費時 35 ～ 45 分鐘，總運動時間預計為 6 小時。

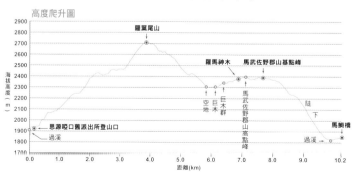

高度爬升圖

羅葉尾山
2717m

羅葉尾溪

思源啞口舊派出所

往思源啞口

台七甲公路45.6K

南湖大山登山口

有勝溪

台7甲公路

巨木　空地

巨木群

羅馬神木

有勝溪

勝光登山口

馬武佐野郡山
2368m

馬鰣橋（台七甲公路50.6K）

N

行程安排

【環狀路線】思源啞口舊派出所登山口（台七甲公路45.6K）→羅葉尾山→羅馬神木→馬武佐野郡山→馬鰣橋（台七甲公路50.6K）→思源啞口舊派出所登山口（台七甲公路45.6K）

阿虎的羅馬縱走越野筆記

📍羅馬縱走這條路線若依照一般登山行程，屬於A進B出的方式，通常會有接駁車載另外一端的出口等候，此行是跑一個環型的距離，登山口在台七甲線的45.6K處（起登高度為1932m），也是思源啞口的廢棄派出所，即可看到羅葉尾山的指示牌。

屬於旱地拔蔥的路線，類似桃山步道，開跑後就是一路爬升，陡到想用爬的方式上去。

↓從台七甲45.6K就會看到一條小岔路口，循道路進入會看到柵欄，而柵欄上就有羅葉尾山的指示牌。

出發 **①**
**思源啞口
舊派出所登山口**

一路陡升將近700公尺，沿路有芒草、箭竹林、茂密松樹林。

②
羅葉尾山

📍第一段路線是上升到羅葉尾山（海拔2717公尺），沿著稜線及防火巷一路陡升將近700公尺，沿途有路條指引，山徑也明顯，不時需要手腳並用地攀爬，一開始就來這段困難的路線，給大家狠狠的下馬威，十分消耗體力，不斷喘著大氣，多花了點時間還是突破這一個關卡。

→羅葉尾山，海拔2717公尺，三等三角點，編號6310。

↑巧遇南部來的熱情山友，一起合照外，還請我們吃水果。

路徑沿著防火巷而行，過了此行最高點的羅葉尾山後，一路長下坡居多，林相時而箭竹林，時有松針鋪地，跑起來確實舒服，並路過優美的原始森林巨木群。

松針鋪地的鬆軟下坡地形，考驗越野跑者的技巧，也是俯衝加速的好時機，但要注意別扭傷腳踝。

3

巨木群

 貼心提醒！

連續下坡地形考驗著每個人的越野技巧，除了挑選適合的越野鞋外，下肢的肌力以及本身的平衡感都會影響到速度。而且快速下坡時也要不時地留意路況，中級山常有奇特的轉折點，不要為了追趕而衝錯路線。

→ 高聳入天的巨木，讓人忍不住放慢腳步欣賞。

連續陡下的路徑，以拉繩走下坡，安全之餘也更能順利移動。

📍千年的羅馬神木有一夫當關萬夫莫敵的氣勢，身處在巨大樹林中，渺小的我們只有不斷抬頭仰望，不時的驚呼，很幸運能造訪這片山林。

📍經過神木區的震撼洗禮之後，就會來到行程的尾端——馬武佐野郡山（海拔2368公尺），天氣好時，可以清楚看到武陵農場、雪山群峰等等，甚至看到三六九山莊，欣賞雪山山脈的好風光之後，路徑急轉直下，要陡下降約500多公尺來到大甲溪谷。

4 羅馬神木

5 馬武佐野郡山

連續陡下約500公尺的下坡高度，多數需拉繩而下。

從馬武佐野郡山可以遠眺武陵農場及雪山山脈群峰。

📍最後要跨越有勝溪才能回到台七甲公路上，也就是「馬鱒橋」橋頭旁，再來公路緩和跑5公里，雖然只是路跑，但也是在海拔1800公尺左右的高度，而且剛跑出崎嶇山徑後，馬上轉換平坦路面，未必輕鬆，肌群轉換不佳的人，可能會感到吃力。

若無石可踏，腳直接踏入溪床，找安全路線過溪。

6
馬鱒橋
（台七甲公路50.6K）

終點
思源啞口
舊派出所登山口

↑回到公路之前，要通過有勝溪，大家決定用高山溪水好好來冰鎮雙腿。

📍最後回到思源啞口舊派出所登山口，利用一旁的溪水再次擦拭身體，換上乾淨的衣服，為今天的越野行程畫上一個完美的句點，靠近思源啞口這邊的路線，還可以串聯平岩山或是勝光山等，也許腳程更快的人可以規劃安排。

百岳經典越野路線
雪山主東峰

路線簡介

　　如果要阿虎隊長推薦一條具有代表性的高山百岳越野路線，「雪山主東峰」這路線必當首選。

　　成為首選的原因，其一為交通便利，位於武陵農場的雪山登山口，地點明確，容易抵達，加上隸屬國家公園，得以有效管理、步道規劃完整，進而增加越野活動的安全性。

　　其二為山徑步道完整，對於初次高山越野的人來說，挑選一條明確的山徑很重要。其三為高度夠高，路程過了三六九山莊後，海拔來到3200公尺以上，再往上爬升就高過合歡山公路的高度，海拔一路拉升到3800公尺，對於要測試高度的人有很高的鑑別度。

　　此行經過兩顆百岳：雪山東峰（標高3201公尺）、雪山主峰（標高3886公尺，全台第二高峰），著名的雪山圈谷、黑森林、三六九山莊等等，都是許多山友共同的回憶。

📍台中市和平區、苗栗縣泰安鄉
📍累計爬升 1969m ／來回距離 21.8km

- **類型**：台灣百岳
- **途經山岳**：雪山主峰、雪山東峰
- **難易度★★★**
- **路面狀況**：石階、枕木階、松針土石山徑、碎石坡
- **隸屬雪霸國家公園，需申請入山及入園許可證**
- **預計時間**：約莫來回6小時，加上休息時間，多數應該在7～8小時可以完成雪山越野跑。

高度爬升圖

行程安排

雪山登山口→七卡山莊→雪山東峰→三六九山莊→黑森林→雪山圈谷→雪山主峰
（原路折返）

阿虎的雪山主東峰越野筆記

📍 登山口起登高度為2140公尺,有著廣大的空地,並設置兩區的停車場,是雪山多條路線縱走的出入口。

📍 到七卡山莊之後,雪山主東峰的挑戰正式開始,後面為連續的之字形上坡,多數都是森林裡面,山徑尚稱平緩,多為松針鋪地,其實好跑,海拔卻明顯上升,不覺中頗消耗體力。

約2公里,是前半段路程中最飆汗的路段,剛好熱身。

 出發

1 雪山登山口

2 七卡山莊

之字形漸漸出了森林,也表示哭坡觀景台快要到了

哭坡前的路徑為連續土階梯,可以使用 power walk 的行走方式,用手支撐的膝蓋上緣,上身前傾的姿勢向前推進。

哭坡前是一段長長的陡上坡，著實令人想哭，也許這就是哭坡的緣由！

📍「哭坡」觀景台的對面就是中央山脈主稜的北段，南湖大山、中央尖山、無明山等名山林立，視野遼闊，可在觀景台稍作休息，補充體力後再出發。

3

哭坡

海拔將突破3000公尺，考驗跑者的高山反應。

從哭坡觀景台回望，瞭望中央山脈的美景，也是辛苦跑過陡上坡的獎勵。

📍 此時海拔已經到3200公尺，在山頂可以稍微休息，把握等下東峰的腰繞路，可完全享受跑在高山的暢快感。

→ 從雪山東峰回望這層厚厚的雲海，雲海的下方就是思源啞口，也是中橫宜蘭支線上著名的霧區。

④

雪山東峰

略帶下坡的碎石子路，要看清楚落腳點，避免踩到不穩定的石子而造成翻腳刀。

📍這裡可視為雪山主東峰的中繼點，過了三六九山莊之後又是另外一段明顯的之字形上坡，但不同於七卡山莊後面的那一段，此處不僅海拔更高，陡度更明顯，加上沒有森林遮蔽，在視覺效果上會覺得爬很高，只能用快走的方式推進。

把握呼吸節奏，採用深呼吸細而長的吐氣方式，讓自己慢慢適應這樣的高海拔前進速度。

⑤ 三六九山莊

⑥ 黑森林

📍黑森林路段不論是行走或是野跑都是非常舒服的，茂密的林間不會受到陽光直射，且林下的綠色植物、筆直的冷杉林值得欣賞，不過美麗的背後也是蘊藏危機，這裡有幾段路線的路況較為不明顯，若是想要切捷徑的心態，容易迷路。

黑森林的石瀑地形

←此處因岩壁滲水，國家公園放置了一個藍色大水桶可盛接山泉水，也是越野單攻的重要補水處，天然山泉水可直接飲用但非常冰冷，不建議大口暢飲而造成肚子不適。

📍從圈谷地形幾乎可以看到雪山頂，雖然是單攻的最後一公里，卻可能是前進速度最慢的一公里路，因海拔超過3700公尺，加上連續上升的碎石路徑，建議採用快走的方式，更多是心志及意志的磨練。

7

雪山圈谷

登頂前的最後100公尺，帶著興奮與喜悅全力直奔3886公尺的最高點，享受心跳爆炸的快感。

📍此行從早上5：30出發，因上午的天候穩定，大約9：15順利登頂，包含全部的休息時間，總時間花費3小時40分鐘左右。

8
雪山主峰

終點
雪山登山口

貼心提醒！

雪山越野雖為高山越野中較為入門的路線，但高山活動本來就有相當的危險性，因此在每次進行高山越野的時候，都應當擬定完整的越野計畫，包含人員選定、人員經驗、越野裝備、行程時間、撤退折返時間等，才能有安全的高山越野活動。

📍許多來訪的遊客都會特別來大水池拍照，而當下山的我們，一個轉彎後看到這類似幻影的池水倒影，就知道完成了雪山主東峰的行程了。

四肢並用挑戰攀爬地形的
高山耐力跑
武陵四秀之三

路線簡介

武陵四秀，指的就是武陵農場北方的稜線，進入武陵農場後，車行方向往武陵山莊就可以先看到四秀之一的桃山，標高3325公尺，而其稜線有西到東，依序是品田山、池有山、桃山、喀拉業山，整條稜線長約10公里，雖說不長，但各個山頭各有特色，登山口在武陵農場內，故以此命名。

- 品田山，標高3524公尺，為武陵四秀之首，更是台灣百岳中的「十峻」之一，獨立高聳的山頭，岩脈綯褶露頭是品田山最易辨識的特色。

- 池有山，標高3303公尺，三等三角點，山頂是眺望品田山的最佳角度。

- 桃山，標高3325公尺，山頂也是三等三角點，百岳排名48，從武陵農場或是雪山的方向看過去，山頭像是一個小桃子，故以此名。

- 喀拉業山，標高3133公尺，百岳排名84，山勢不明顯，山頂寬平，卻有著二等三角點，在岳界除了是武陵四秀之外，也並稱四大「鳥山」之一。

● **類型**：台灣百岳
● **途經山岳**：桃山、喀拉業山、池有山
● **難易度**★★
● **路面狀況**：水泥路、泥土路、碎石路、防火巷路
● 隸屬雪霸國家公園，需申請入山及入園許可證
● **預計時間**：四秀全程不停錶 12小時

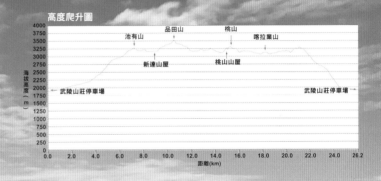

高度爬升圖

行程安排

前一晚入住南山村民宿
武陵吊橋→桃山登山口→桃山→詩
崙山→喀拉業山→桃山→桃山山屋
→三叉口→池有山→池有登山口→
武陵吊橋

阿虎的武陵四秀之三越野筆記

📍天灰灰的一行五人，早上5點魚貫穿越武陵吊橋，開啟了今天的行程。我們決議在池有山設中午12點為關門時間，若未能於中午抵達則放棄去品田山。

貼心提醒！

第一段的桃山步道，首要任務就是適應逐漸上升的海拔，因為多數跑友在高度急速上升時，常有適應不良的現象，以至於產生輕微的高山反應。

出發 ①　　　　　　　　　　　　　　②
武陵吊橋　　　爬升1400公尺　　　**桃山登山口**

📍從桃山登山口上山，約莫4.5公里的距離，要爬升1400公尺，選擇由此啟程是因為相較於池有山登山口上山的3.5公里，要爬升1300公尺來說，桃山步道的路況比較好走，還可以先收下有鳥山之稱的喀拉業山。

→桃山步道沿著防火巷上行，爬升雖多但路徑算明顯好走。

↑桃山山頂美景，可以看見雪霸國家公園內的諸多百岳名山。

↓桃山頂眺望大小霸尖山。

📍 來到第一顆百岳：桃山，時間剛好7點半，花了兩個半小時完成第一階段，山頂視野很好，四秀的其他山頭可以一一點名，另外一側更吸睛的是大小霸佇立著，看起來遠在天邊又好像近在眼前。

←桃山，標高3325公尺，山頂有個三等三角點。

3

桃山

貼心提醒！

桃山頂也是一個三叉路口，所以有設置一個指示牌。許多國家公園內的大眾化路線都會設置類似的木牌指引，當到達岔路口時，就是要確認來時路以及去時路方向，認清每一個指標，可以減少迷途的危機。

爬桃山只有一個訓練目標就是體能，在這種短距離又急速爬升的路線，就類似越野登高賽的模式。

因天空的雲層很厚，隨時可能下午後陣雨，促使我們加緊腳步趕路，從桃山頂先往喀拉業山前進，稜線變化不大，而且多數平緩，約3.5公里的距離，途中先經過了未列入百岳的詩崙山，標高3200公尺，拍照後繼續前進。

 貼心提醒！

越野跑山的時候，需要設置關門時間，如未達標準者，必須依照行程計畫撤退或放棄山頭！且分組行動時，建議以結伴同行的方式行動，勿放任體能較差的隊員獨自行進。

④
詩崙山

⑤
喀拉業山

不算太困難就到了人稱四大「鳥山」之一的喀拉業山，心想其實沒有這麼鳥，山頭平緩又寬平，沒有太多的展望，拍照後準備返回桃山。

→在往喀拉業山的途中突然發現的水晶蘭，令人驚豔。

📍等到了後方兩位隊友，一起悠閒地走到桃山山屋，桃山到池有山的這段稜線，只有2公里的距離，但上下起伏多，地形變化亦多，更有多處需要手腳並用地攀爬。

↓桃山山屋的內部空間不大，只有12個床位，山屋外有個蓄水塔。

多段攀爬地形都有架設繩索，但不建議拉繩攀爬，而是利用身體的重心靠近岩壁，選擇結實的樹根作為手抓的支撐點，或是利用攀岩技巧直接抓岩石作為平衡，通過上下攀爬之處。

6
桃山山屋

↑爬回桃山的最後一段長上坡，從山頂往下望，後方兩位隊友還在努力向上。

📍原來所謂的鳥山就是回程的時候，越走越累，有些隊友是初次高山越野而無法跟上大家的速度，先行的小岡及阿哲繼續前進品田山，我則等待其他隊員一起去池有山便折返。

↑桃山前的最後一個長上坡，說陡不陡，但要一口氣爬上去也不是件簡單的事，只能雙手撐著膝蓋一步一步配合著呼吸的節奏往上爬。

就這樣邊走邊爬，邊爬邊聊，才度過了這漫長的一段路，來到三叉口，往下是回程的路，續行往前是品田山、池有山的方向，看看時間，其實我們也不過花了一小時的時間，索性坐在三叉口營地休息一下再登頂。

↓三叉口附近有平坦空地可供休憩，許多登山隊伍也會選此處紮營，隔日再續行其他山頭。

⑦
三叉口

⑧
池有山

從三叉口上到池有山頂花費不到20分鐘，在山頂可以很清楚的看到新達山屋，還有山屋後方草坡上的山友移動的影像，沒想到是前隊出發的小岡跟阿哲，為了不被他們追上，我們無法悠閒地繼續待在山頂。

↑往池有山頂前會先經過一段碎石坡。

↑從池有山遠眺品田山。

從三叉囗開始下山，多數路段落差大，而且步階大小不同，下山無法全力加速，大約花了一個半小時的時間才下到登山口，也在登山口之前被下坡速度很快的阿哲追到，最後的這段水泥步道，五個人再次會合，可是天空也下起了小雨，為這趟行程留下最後一個記憶點。

↑池有山登山口

↑往池有山登山口的下坡路段具有挑戰性，考驗個人的跑山技巧。

⑨ 池有山登山口

終點 武陵吊橋

 貼心提醒！

從三叉口下到池有山登山口，雖只有短短的3.5公里，但這段路卻包含了各式多樣的技巧性，有可跑的松針鋪地，也有需要手腳並用的巨石落差，還有許多落差極大的高低階梯，除了體能的挑戰外，更考驗著跑友的補給功夫。要能在長時間的運動下保持著高水準的體能，這次四秀的補給方式就是每30分鐘便自我進食，且不管身體是否傳遞飢餓或是無力的現象，時間一到就是喝口水在嘴巴裡潤一潤，再吃一顆糖果或是巧克力等食物，這也是我在高山越野活動中最常執行的補給方式，十分有效。

↑跑過武陵吊橋，完成最後的行程。

冰凍箭竹海、
陡升碎石坡的極限跑
志佳陽上雪山

路線簡介

　　志佳陽大山，在登山界有此一說，山名中有「大山」的山頭就是較為難攀登的山頭，多半是路線很陡，例如白姑大山，就是中橫四辣之首；清水大山，雄霸東部的中級山，又是太魯閣三山之一，所以志佳陽大山必有其特別之處。

　　志佳陽大山高達海拔3345公尺，為台灣百岳之一，排名44，但其三角點設立於3289公尺處，大概是當初埋三角點的人誤判，並無損志佳陽大山的威名，因為從3.1公里的登山口起登，短短的4.7公里要爬升1700公尺之高，一般登山的行程來回就需要12小時，可想而知其困難度。

　　這條「志佳陽上雪山」的路線，也是傳統攀登雪山的舊路線，在雪山東峰線正式打通之後，「志佳陽上雪山」才功成身退，從志佳陽三角點7.7公里處上到雪山主峰12.5公里還有4.8公里的路程，並非爬過志佳陽大山之後就會比較輕鬆，4.8公里的距離要從3289公尺上升到3886公尺，也有將近600公尺的上升高度，雖說這段爬升不比前面爬升1700公尺那麼多，但沿途有多處的碎石坡、乾溪溝，況且又都是在高海拔的地區，增添不少難度，其實也是此行的最大挑戰。

- 類型：台灣百岳
- 途經山岳：志佳陽大山、雪山主峰、雪山東峰
- 難易度★★★
- 路面狀況：吊橋、泥土路、鐵棧道
- 隸屬雪霸國家公園，需申請入山及入園許可證
- 預計時間：約莫來回12小時

高度爬升圖

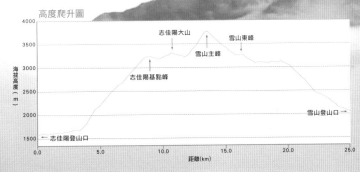

行程安排

前一晚先從台北開車到環山部落，夜住民宿

四季蘭溪吊橋→志佳陽登山口→志佳陽基點峰→志佳陽大山（最高峰）→雪山主峰→三六九山莊
→雪山東峰→七卡山莊→雪山登山口

阿虎的志佳陽上雪山越野筆記

📍 早上5點在山谷中微光下啟程，踏過四季蘭溪吊橋（也稱司界蘭溪吊橋），正式開始志佳陽大山的旅程，來到志佳陽山基點之前的路徑記憶已經淡忘了，唯一不變的是山路還是一樣陡，走起來還是一樣累。

→ 清晨天色仍暗，從四季蘭溪吊橋橋頭出發。

↓ 跨過四季蘭溪吊橋，就會看到往雪山主峰12.5KM指示牌，但登雪山的路線是以武陵農場的雪東線為主流，由此登山口多半是攀登志佳陽大山的隊伍。

出發 ① **四季蘭溪吊橋** ② **志佳陽登山口**

爬升1700公尺，相當於台北101登高賽390公尺走五趟！

📍 前半段的3.1公里為較平緩的路徑，沿著路條指引，下切司界蘭溪，爬上河階進入果園，一路順暢地在天亮時就來到3.1K處的傳統登山口，看著路牌指引的方向，立即明白志佳陽大山的威名，眼前就是1700公尺的爬升。

來到3.1K處，也是爬升的開始，路線開始陡上，速度隨之變慢，可利用上坡步行時進行補給。

說是越野跑山，面對這樣的連續陡上而且還頗陡的路徑，充其量只能急速健行罷了，還好一路上路徑跟指示牌都十分清楚，即便初次來到也能清楚辨識正確山徑。大約上到5公里處，高度已經明顯上升不少，對面的中央尖山、無明山已經露頭，隨著海拔上升開始出現了箭竹林，我們趕緊穿上風雨衣外套，約莫三個半小時來到志佳陽大山基點3289公尺！

→志佳陽大山基點峰三角點，海拔3289公尺。

不斷陡上的地形適合用power walk，將雙手放在膝蓋上緣，大口調節呼吸讓心跳慢慢穩定。

③

志佳陽基點峰

百岳排名44

④

志佳陽大山（最高峰）

志佳陽大山最高峰，山友笑稱治腳癢。

開始進入又濕又冰冷的箭竹海，再鑽過兩回箭竹林之後，即使我們已經穿上防風雨外套，依舊濕冷的露水侵襲全身，只能利用剝開箭竹的空檔，不斷搓雙手或是反覆握拳，讓漸漸失去感覺的雙手可以活絡。

↑過了志佳陽最高峰，就是茂密的箭竹海路段，必須壓低身體通過，或是高舉雙手來保護臉部，避免箭竹反彈刺傷眼睛，且留意腳下的路徑，以免撞到凸出的倒木。

總算來到今日的重點路段，跟志佳陽大山最高峰（海拔3345公尺）三角點合照後，因氣溫轉涼，無法多作停留。

面對巨石區或是碎石坡，行進時要看清楚石頭是否穩固，避免踩到會晃動的石頭造成滑倒或是撞傷。

📍撐過了冰凍箭竹海後，接著面臨連續陡升的碎石坡、乾溪溝、亂石崩雲的雪山南壁，有種高傲孤寂的感覺。此行並未登上南峰，而是轉向雪山主峰的方向，四周已經不是森林，轉變成枯木、低矮的圓柏還有巨石區，路徑變得更陡外也更不明確，可以循著路條或是疊石前進，或是依照下載好的離線軌跡圖前進。

貼心提醒！

若是不小心有踢到落石，必須大聲喊「有落石」，讓後方的隊友有心理準備躲避。

5

只路過不登峰　　**雪山南峰**

↑看到雪山主峰0.5KM指示牌，表示目標不遠了，但必須克服眼前的碎石溪溝路徑，因路條多不明確，改以疊石做為指示方式，一般多以三顆扁平的石頭疊放在路徑旁邊。

↑靠近雪山主峰的0.5K開始出現大片的白木林。

📍剩下最後的1.5K路程，景緻再度轉變，伴隨我們的是被火焚身後留下的玉山圓柏白木林，突破最後的0.5K，山徑沒有趨緩過，想起以前朋友說的：要自我鼓勵，撐過去就成功了！

📍距離尺達12.5公里，累積爬升2600公尺，確實不輕鬆！雪山主峰標高3886公尺，雖然雲霧湧上，雪劍線、大雪線還是清楚可見。

6

百岳排名2　　雪山主峰

終點

雪山登山口

📍在山頂約停留約20分鐘，帶著輕盈的腳步跑下雪山登山口，黑森林、三六九山莊、雪山東峰、哭坡、七卡山莊等等景點歷歷在目，不用太多的休息也不會很快的速度，最後花了三個小時左右回到雪山登山口。

古道之美與
崩塌之險雙體驗
南華山

路線簡介

　　「奇萊南華」又稱為「能高越嶺古道西段」，是一條入門的高山百岳路線，拜古道之賜，路線趨於平緩，從屯原登山口入山，海拔2041公尺，前往天池山莊的古道路長約13公里，而爬升只有860公尺，可說是十分親民的越野路線。

　　途中經過雲海保線所，海拔2360公尺，從登山口起算大約4.5公里的路程，保線所腹地寬廣，環境優美，還有網路訊號，可以做為是越野跑的第一個休息點。雲海保線所過後，古道依舊寬敞好跑，然而有多段較為明顯的爬升，其中又以6公里處的大崩壁最著名，每當豪大雨的時候，容易造成小坍方導致路線封閉，因此在出發之前務必上網查詢路線狀況。

　　天池山莊過後，明顯爬升到3080公尺的天池，以此為分岔點，左往奇萊南峰，海拔3358公尺，右往南華山，海拔3184公尺，為此行的兩顆百岳，而這段路線的最大特色就是草原山頭，另外一個重要景點就是光被八表紀念碑，剛好位在中央山脈的主稜上，海拔2802公尺。這個巨大的紀念碑是為了紀念台灣的東電西送的創舉，建立跨越中央山脈的電力萬里長城，巨大石碑上有著先總統蔣公的題字：「光被八表、利溥民生」

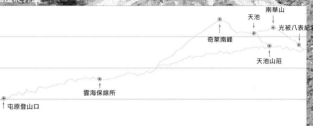

🚩南投縣仁愛鄉、花蓮縣秀林鄉
🚩累計爬升 2527m ／總距離 36km

● **類型**：台灣百岳
● **途經山岳**：南華山
● **難易度**★★
● **路面狀況**：土石山徑、棧道、吊橋、溪流、箭竹草坡
● **需申請入山許可證**
● **預計時間**：不停錶計時 10 小時

行程安排
屯原登山口→雲海保線所→天池→ 南華山（能高北峰）→光被八表紀念碑→天池山莊→雲海保線
所→屯原登山口

阿虎的 *南華山* 越野筆記

📍 早上8點來到登山口,這個時間也是許多登山隊伍要準備出發的時候,登山口聚集了許多隊伍,要在入口拍照都需要排隊,而熱鬧的出隊人潮也象徵著這條路線是屬於入門級的高山百岳。

沿著山腰修建的古道上多有吊橋懸在山谷之間,通過吊橋時可用競走的方式,以小碎步高步頻來前進,減少吊橋的晃動。

↓屯原登山口的「能高越嶺國家步道」立牌是熱門的拍照點,我與隊友小許合照留念。

出發 ➊ **屯原登山口**　　　熱身路段,可跑性高!　　　➋ **雲海保線所**

📍 不到一小時就跑到雲海保線所,做為熱身路段剛好,只有出發為明顯的上坡外,一路多屬於平緩的路線,古道寬約一米五,算是康莊越野大道,還有多段陰涼處,跑起來十分舒服。

↑台電雲海保線所紀念碑,海拔2360公尺,來此都會跟地標合影。

←雲海保線所是台電所設的山區工作站,有廁所、網路訊號,可在此做安全回報,也算是這條路線的第一個休息點,行程從這邊開始才有明顯的上升。

過了雲海保線所，接下來就是6K處的大崩壁，乍看很驚險，但崩壁上的路徑因為有山莊管理員的維護，路線清楚算好走，也許有懼高症的人通過還是會雙腳發抖。隨著氣候變化大崩壁有不同風貌，當晴空萬里時，更顯壯闊。

大崩壁看似地勢險峻，但路徑明顯。

③ 大崩壁

通過這樣的大崩壁地區，只有一個要領就是「快」，因為你不知道落石何時會掉下來，特別是嗊嗊越嶺古道上的這個崩壁，每逢豪大雨或颱風吹襲過後，常有崩坍而導致路線封閉。

能高瀑布因為分成三段，又被稱為三疊瀑布，雲霧盤繞頂端彷彿仙境。

📍來到能高吊橋（也稱三德吊橋），是全台最高海拔的吊橋，此外，吊橋跨越溪谷的一旁還有個著名三疊瀑布（能高瀑布），絕對是大家駐足拍攝的好地方，過了能高吊橋就快要到天池山莊的岔路口，有鑑於我們的速度漸緩，決定直奔在中央山脈主稜上的「天池」。

④ 能高吊橋

⑤ 天池

📍看著稜線上的雲霧慢慢襲上，雖然很想加快腳步，但大腿開始不受使喚，追不上雲湧的速度，當我們上到天池時，早上不到11:30就已白茫茫的一片，霧鎖稜線、強風大作，心想毫無遮蔽的奇萊南峰山頂想必風暴乍現，決定放棄奇萊南峰，直接轉往南華山下光被八表。

 貼心提醒！

稜線上風強無遮蔽處，特別是這樣的短箭竹稜線區，跟一小時前陽光普照的景象相差甚遠，不過這也是標準的台灣高山氣候現象，所以「風雨衣外套」要列為必要裝備。

↑天池的池水不大，因稜線上一旦天候轉變，原本遼闊的視野就變成白茫茫一片，能見度只在50公尺內。

↓天晴時的天池，池水如明鏡般映照四周美景。

↑同屬於草原山頭的南華山，短箭竹草坡是一大特色，小巧的山頭腹地不大，但是寬闊的草坡令人心曠神怡。

6

南華山（能高北峰）

📍我們趕在12點之前來到南華山頂，山頂四周雲霧瀰漫，但陣陣強風時不時就把雲吹開闊了，原定計畫要在南華山頂吃午餐的我們，在強風吹拂下停留不到10分鐘，就驅趕著我們下山。

從南華山直下光被八表，路徑還算明顯，只是多數登山隊伍鮮少這樣安排，主因就是下光被八表的路徑有多段又滑又陡的小徑，若是遇到強風咻咻，踩踏下坡更要降低身體重心或手拉箭竹作為支撐。

↑南華山三角點，海拔3184公尺，台灣百岳排名76，從天池一路過來，緩緩上升高度，路徑多半沿著山腰繞路，短箭竹草坡的特色就是視野遼闊，但看不看得到美景就要由山神決定。

📍隨著高度下降風勢不再強勁，只是連續的陡下坡確實令人吃不消，幸好老天爺賞我們一個晴朗的午後時光，跑到擁有藍天白雲的光被八表紀念碑旁午餐，還能眺望遠方美景。

↑光被八表紀念碑的另外一面的題字鮮少有人注意是「利溥民生」。

7

光被八表紀念碑

↓光被八表的一景，望向東方的層層雲海。

📍離開光被八表之後，沿著能高越嶺古道的西段走，里程數從15.5公里開始遞減，來到13公里的天池山莊，偌大的山屋現在每天迎接登山健行的遊客，還有高山協作員提供早晚餐及睡袋等，減輕了來登山負擔，也希望能轉向更優質的服務，畢竟台灣山林就是我們最大的資源。

→號稱七星級的天池山莊，雙層樓的木造建築，腹地廣大，可以從二樓的大陽台眺望遠方中央山脈主稜，最明顯的山頭就是能高主山。

⑧
天池山莊

終點
屯原登山口

 貼心提醒！

細細品味「奇萊南華」這條越野路線，可跑性極高，古道寬敞、路線清楚明確，加上有舒適的天池山莊，及設有多個網路通訊處（如圖），提高安全性，綜觀種種有利條件，能高越嶺古道西段實為一條步入高山越野的首發路線。

高海拔山徑越野
的耐力訓練
嘉明湖

路線簡介

　　嘉明湖位在三叉山的東側，海拔3310公尺，是台灣高山湖泊中第二高，湖面呈橢圓形，長約120公尺，寬約80公尺，湖水因光線照射角度呈湛藍色，被譽為南橫上的藍寶石，或是「天使的眼淚」。

　　通常攀登嘉明湖多是從向陽國家森林遊樂區的入口進入，來到遊樂區的頂端而進入山徑步道，一般登山行程多為三天兩夜。第一晚會住在向陽山屋，第二天走到嘉明湖之後再入住嘉明湖避難山屋，第三天下山，行程中會攀登兩座百岳，分別是向陽山（標高3602公尺）及三叉山（標高3496公尺）。

貼心小提醒》

嘉明湖國家步道有人數總量管制，且向陽山屋與嘉明湖避難山屋由林務局管轄，要先抽山屋，才能入山，詳細資訊可參閱「嘉明湖國家步道」官網。

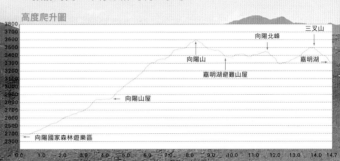

📍台東縣海端鄉
📍累計爬升 2300m ／總距離 27km

● 類型：台灣百岳
● 途經山岳：向陽山、三叉山
● 難易度★★★
● 路面狀況：土徑、草坡、碎石路
● 需申請入山及入園許可證
● 預計時間：不停錶計時約8小時

高度爬升圖

三叉山
向陽北峰
向陽山
嘉明湖
嘉明湖避難山屋
← 向陽山屋
← 向陽國家森林遊樂區

海拔高度（m）

距離（km）

三叉山
3496m

向陽北峰

向陽山
3602m

嘉明湖
3310m

嘉明湖避難山屋

向陽山登山口

向陽大崩壁

向陽名樹

黑水塘營地

向陽山屋

N

步道口　向陽國家森林遊樂區

行程安排
前一晚夜宿池上民宿
向陽國家森林遊樂區→向陽山屋→
黑水塘營地→向陽名樹→向陽山登
山口→嘉明湖避難山屋→向陽北峰
→三叉山→嘉明湖（折返）

阿虎的 嘉明湖 越野筆記

📍 從向陽森林遊樂區入口進入，步行至「嘉明湖國家步道」登山口，屬於熱身路段，其實主要的上升都是在森林遊樂區內的步道，維持七八成體力就可以輕鬆來到最上方的山徑登山口。

↓進入嘉明湖步道的登山口大門，每一支到這邊的登山隊伍都需要繳交入山證及入園證，並接受管理員的安全宣導，而單攻嘉明湖一日來回的隊伍，同樣需要申請。

向陽森林遊樂區內的步道都屬於寬敞的林道，可以通行四輪傳動的工程車，一般私家車禁止進入，步道約2.7公里，雖然有點陡但算好跑，可視為熱身路段。

出發 1

向陽國家森林遊樂區

到森林遊樂區的最高點，可以看到嘉明湖的說明告示牌，表示路徑開始進入傳統山徑，山徑維持良好，容易走錯的岔路也都有警示繩索，體力足夠的人可以在這段路上加速前進。

若是晴朗的天氣，在步道的觀景台可以看到遠方的關山大崩壁。

📍行程來到向陽山屋，算是完成第一關，以嘉明湖這段路線可以大約以4公里做為一個區分，利用山屋作為休息補給點。

↓向陽山屋屬於台灣較為高級的山屋，有廚房、沖水廁所以及專人管理。

2 向陽山屋

3 黑水塘營地

全程最明顯的連續爬升路段，約2公里的距離。

📍黑水塘營地位在山徑的外圍，距離山徑約50公尺，過去這是登山隊伍的住宿營地，現在林務局已規定嘉明湖步道沿線50公尺內禁止紮營，而這水池倒影成了行程中一次休息拍照的好景點。

📍過了黑水塘之後，漸漸離開森林區，明顯感受到風勢漸強，侵蝕的山徑出現，還好在林務局的維護下，重建了階梯式步道，路徑清楚明確，辛苦爬完階梯式步道就來到稜線，海拔正式突破3000公尺，向陽名樹（玉山圓柏）就在上稜線之後，往前100公尺的左上方。

過了向陽名樹之後，上到稜線的短草坡，連續陡上的路段已經沒有，但風大無遮蔽，最好及時穿上風衣外套，還要做好防曬、補充水量。

4
向陽名樹

5
向陽山登山口

📍跑在稜線上，一側是向陽山大崩壁，崩壁下的南橫公路也清晰可見，但目前封閉不可通行。上午的最高點就是向陽山登山口，有明顯的木製指示牌，一邊指著向陽山，一邊指著嘉明湖，大夥決定往嘉明湖前進。

在向陽山登山口眺望眼前的雲海。

↑途經向陽大崩壁，往南面看過去，最高的山峰是南台首霸──關山。

📍通過巨石區，映入眼簾的大紅色屋頂便是嘉明湖避難山屋，也是嘉明湖行程的中繼站，大多數的登山隊伍都會在此住一晚，越野跑到這兒也要花費兩個多小時，可將此列為重點補給區，稍事休息確實補充能量，好面對接下來到三叉山以及嘉明湖的路段。

6

嘉明湖
避難山屋

過了向陽登山口的高點，到嘉明湖避難山屋這段路，大多是平緩略帶下坡的山徑，屬於好跑路段，是調整體能的好地方，靠近山屋之前有一段巨石區，所以看到大巨石的時候，山屋就近在咫尺。

📍從嘉明湖避難山屋到嘉明湖的這段距離4.5公里，要經過三上三下的地形考驗，大多數屬於可跑性高的路段，但平均海拔都在3300公尺，到了落差大的地方可以減緩速度，並且利用雙手作為輔助，可以維持平衡或是支撐一旁的石頭。

125

📍 經過了前兩關，終於要來到嘉明湖越野的最美路段，跑上向陽北峰，山巒綿延，明顯的山徑一路上下的延伸到三叉山的大草原，北方的玉山群峰雄偉佇立著。

↓ 這是過了向陽北峰之後往三叉山路徑上，最大的落差地形，極陡下之後再爬上三叉山，回程就成了折磨人的陡上坡。

↑ 站在向陽北峰附近的石頭上留影，背景是玉山群峰。

 貼心提醒！

這段美景也隱藏不少危機，上上下下的地形，持續性的高海拔移動，考驗著跑者的基本體能，高度適應是可以訓練的，但先天的高山反應比較難調整，例如開車到武嶺就有高山反應，可能就要尋求醫療的方式。

7
向陽北峰

8
三叉山

📍 體能較佳的跑者可以在三叉山跟嘉明湖岔路口，選擇先上三叉山再下嘉明湖，想保留體能的人也可以選擇三叉山的腰繞路直接往嘉明湖，從手錶紀錄顯示，這段關卡我們不到1小時5分鐘就到嘉明湖，在湖邊好好享受風起雲湧的景致。

↑ 三叉山，標高3496公尺，山頂有個一等三角點

↑ 三叉山與嘉明湖的岔路口，有明顯路牌指示，通常會安排先上三叉山再下嘉明湖，之後走腰繞路回來，剛好一個小C型。

📍 來到嘉明湖也完成了一半的里程，大夥開心地在湖畔午餐及拍照。但登山有句俗語：上山容易下山難，相同的道理可以套用在越野跑山，雖然看似不到4小時的時間來到嘉明湖，但經過一上午的體能消耗，下午回程是否能維持相同體力，再經歷三上三下的高海拔地形，是長距離越野跑必須學習的課題。

↑ 經過了好幾個小時的奮戰，總算看到嘉明湖，它最美麗的角度就是從左上方的斜坡上往下拍照，正是天使的眼淚！

↑ 想一親嘉明湖芳澤，得陡下靠近，也才感受到人的渺小。

⑨ 嘉明湖

終點 向陽國家森林遊樂區

📢 **貼心提醒！**

嘉明湖國家步道每100公尺就有一個里程牌，在行進的時候可以明確知道自己的位置，如果沒有看到里程牌，可能就是偏離路線了。

↑ 回程過了嘉明湖山屋還要爬回巨石區，上到向陽山登山口之後，便一路下坡回到向陽森林遊樂區，是長達6公里的下坡路段。

📍 回程的最後一關，考驗的就是下坡的越野能力，基本核心的穩定性還有肌力的強度，會明顯影響下坡的速度。從嘉明湖山屋回到步道登山口大約8.4公里的距離，除了前面到向陽山登山口的2公里緩上坡，其他都是下坡為主的山徑。

Part
3

跑進山林
越野達人帶你

阿虎隊長特別採訪各界越野跑達人，傳授其訓練心法及比賽訣竅，將世界一流賽事的越野跑比賽實況、準備的甘苦談，展現在跑友面前，期待大家一起揮汗山林，跑向全世界！

通往世界越野殿堂的路——
阿虎隊長百公里賽事經驗談

在台灣跑了多年越野之後，也該開始往海外發展，這幾年陸續有台灣優秀的越野選手出國挑戰，隨著資訊的發達、越野跑友們的經驗分享，原本在網路上看的日本UTMF環富士山越野賽或法國UTMB環白朗峰越野賽的影片，都出現了台灣的選手以及青天白日滿地紅的國旗，似乎跑向更高階的越野賽事，已經沒有那麼的困難，只要做好事前的準備再加上一點點的機緣。

參加香港逆走100及清邁CM6越野賽的緣起

由於工作的轉變，正式成為一位戶外運動工作者的我，主要的作息時間跟大多數的人不同，正當衝刺事業的前兩年，錯失了一些出國挑戰越野賽的機會，而2018年剛好有了這個絕佳的機會可以成行，因此上下半年各自安排了一場百公里的越野賽，

本來是想參加香港100越野賽（HK100），由過去參加過的台灣選手口中得知，賽事辦得很好具有指標性，又有五分的越野積分，無奈連續兩年都無法順利抽中名額，而我一直想跑這條在香港頗負盛名的麥理浩徑，最後選定了3月的「逆走100」，賽道也是麥理浩徑，只是方向性不同，雖是如此，這樣整體的爬升方向就會大大影響了跑者的配速，也算是一條新路線。

下半年度則是因緣際會下，在「恰恰越野」的團長邀約，朋友的推坑，再次報名了位在泰國清邁的CM6越野賽，總距離是130公里，再次突破個人最長里程，本來跑完逆走100之後，在身心俱疲下就告訴自己今年不要再跑超過百公里的賽事，但人總是喜歡自虐後的快感，才從香港回到台灣，就忘記賽道上欲振乏力的感覺，取而代之是那種挑戰自我極限，突破的成就感，因此腦波很弱的同意了好友們的邀約，上了賊船之後，才發現全團二十人都是參加130公里的CM6，原來跟我一樣腦袋有洞的人還真不少。

↑ 2018年3月阿虎參加香港逆走100，累積百公里賽事經驗。

↑ 2018年台灣CM6越野隊合照，這應該是史上最大團的超百公里越野隊，最終19人出賽，9人完成這場艱鉅的賽事。

百公里賽事的決勝關鍵：夜跑挑戰

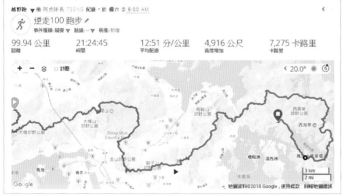

↑ 利用GPS手錶完整記錄下全段的麥理浩徑，也就是逆走100的路線。

當我站在CM6的起跑區之時，心情十分放鬆，有了前一次在香港逆走100的經驗之後，我可以很明確地說，一開始的快不是真正的快，除非你是要拚前三名的人，也正如此，我才在隊伍的中前段，來期待這場挑戰個人極限的越野賽。開跑前腦中不斷的回想比賽路線，因為是迂迴式的賽道，必須返回HQ四趟，領取四個完賽信物後才能回終點。

　　而過去也只有一次百公里的經驗，這次CM6是突破一百之後的世界，又讓我有點困惑。當初在逆走100的時候，評估自己的時間，絕對不是過去很多次50公里的完賽時間加起來這麼簡單，特別是在香港跑過後，更深知夜間的運動表現真的不如預期。記得當時後走在麥理浩徑的第二段，雖然看著山下市區的燈火通明，3月的涼風徐徐吹來，一切都是美好的，只有身體不好，以為走了好久，腦中充滿了天馬行空的許多想法，結果才前進不到一公里。唯一值得欣慰的就是，香港那次我沒有嗜睡，大部分時間可以跟著前面跑者的步伐走著，一個人的時候就想想有趣的事情，或是專注看著大會的路條，轉移疲憊感。

香港逆走100的賽道，即便是一樣的石階土徑，白天跟黑夜的比賽因視覺、體能的差異，入夜後更是一大考驗。

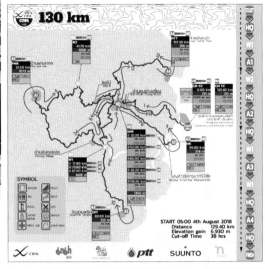

↑ CM6比賽當天早上5點，先在明天的終點前拍一張出發照，這場有設置轉換區，因此出發時先以背心為主，短袖上衣放置HQ轉換區，還有一套備用衣褲，最終只有在入夜前換了短袖上衣，其他備用裝備都沒用到。

↑ CM6複雜的路線圖，以HQ轉換區為中心，往四個方向都要繞行一次，總共回來四趟，領取四次信物。

回到CM6的賽場，我反覆地思考應該要怎麼樣完成這場比賽，看著其他的隊友，都是有備而來，老馬識途的吳醫師在賽前一天就跟大家提點了他去年參賽的經驗，包含了關門時間、陡上陡下的路況，再加上吳醫師說：去年他就是上坡用走的，下坡跑一下，花了不到33小時就可以完賽。有了這股強心針，我心裡也默默設定這就是我的關門時間，一邊跑一邊想著配速及路況，我想全部的選手大概就是我心臟最大顆，賽前準備工作竟在賽道上才開始想。另外一方面，對我而言，真正的比賽是晚上12點才正式展開，畢竟目標不是要拚前三名，面對這樣長距離的賽事，穩定地推進並且度過深夜的睡意折磨才是完成比賽的最大關鍵，這樣才有機會達到預估的完成時間。

CM6的比賽過程

所有的計畫都按照了我心中的劇本開演，從早上5點開賽一直到了晚上12點，這時候我們要從A3站回到HQ轉換區，去領取我們第三塊完成信物，當時前面有三位台灣選手：登山社的學長聰哥、台中的志銘哥、認真準備這場賽事的Winn，一直保持領先約兩個小時的時間，與我同行的有台灣長跑傳奇的何信言大哥以及這次奪得CM6女總八的Ivy，緊追其後有傅大哥、國良、樂樂、羅老師等台灣選手。內心已有預期的

夜跑挑戰即將開始，但是好景不常，這個晚上可能不是我的夜，一邊走上坡卻一邊打瞌睡，索性直接坐在石頭上休息，好不容易爬回到W1的水站，工作人員生的火堆旁已經躺了一圈的選手，好像沒有卡位的機會。稍微補給了食物之後，後面的路線都是產業道路直接回到HQ轉換區，把握保持前進的機會繼續往前走，無奈就是瞌睡蟲纏身，多次在產業道路上走到夢

↑ 清晨回到HQ，就在椅子上小憩片刻，當很疲累的時候，不如好好地睡上一覺，讓身體完全的放鬆，有助於後續的行程，事後也證明當時有睡一回是對的，讓我最後的30公里完全可以跑得動，順利完賽。

遊，最後直接坐在路旁睡了10分鐘，沒想到走沒多久看到地上直接躺了一位選手，前後各有一個閃爍燈，實在太專業了。

深夜問題多平安回到HQ轉換區最好，基本上就是利用時間換取空間的概念，回到轉換區好好的休息一番，外面天色漸漸亮，剛好24個小時過去了，也如期完成100公里，剩下最後的30公里而已！如果是平常說還有30公里，大概只是剛開始，現在剩下30公里突然有種不過是小菜一盤的感覺，原定計畫32小時完成，還剩8小時的時間，早上再次出發之後，一路精力充沛，很快地來到A4站，只要再爬回HQ取第四塊完賽信物就可以回終點。腦中迅速模擬作戰計畫，沿途物色適合的木棍拿來當天然的登山杖，在木棍的加持下，總共花了4小時半的時間來回A4站，有機會在30小時內就可以完賽。最後的11公里下山回終點，本想加碼衝刺，結果賽道上都是當天參加CM1的體驗選手，用盡借過之力最終花費30小時04分，完成了CM6的130公里，名列總排26位。

檢討賽事狀況、借鏡成功者經驗

不同於逆走100，這次的狀況特別多，包含帶錯GPS手錶、賽前一周扭傷左腳踝、開跑後才開始擬定作戰計畫，以及賽前訓練不足，導致夜間體能迅速下降。

本來要帶兩隻GPS手錶出門，無奈一隻手錶的錶帶斷掉還沒修復，所以帶了另外一隻無法邊充電邊使用的錶，連帶後段賽事沒有辦法紀錄，也無法判斷里程，自己就像失去方向的船，只能緩慢地前進，直到看到陸地。

而賽前一周會扭傷腳踝，只能怪自己太粗心，為了活動去探勘路線，一不留神讓自己受傷，下山後也沒有確實做好復健工作，所以在CM6大約過了50公里之後，傷勢

復發，而多年前在日本越野賽中因傷退賽的陰影湧現，除了忍著傷痛，也不斷給自己打氣加油。因為比賽時間還很充裕，當時也過了關鍵的關門點，雖然每跑一步就會刺痛一下，就當作是提神吧！想想三月的逆走100也是腳底的病毒疣還沒痊癒，那時的每一步更是刺痛，一度我都懷疑痛覺神經失靈了。此次清邁回台之後馬上投入復健，深刻體認到唯有保持健康的身體，才能挑戰更高階的賽事。

至於賽前的作戰計畫以及賽前訓練，其實一直到了泰國，我才開始認真地想這件事。看著大會提供的路線地圖以及爬升圖，配合去年吳醫師跑過的經驗，心裡默默有了想法。由於我的訓練過於疲乏不足，只能用最保守的時間去評估，這段時間唯一的訓練就是高山健行數趟，也拜工作所賜，讓我能保持基本體能。但是超長距離的賽事中，不是你準備好了就可以順利完成，變數很多，包括當天的臨場表現、配速、比賽日的天候狀況、補給工作的確實性等，這也是越野賽有趣的地方，轉個彎可以看見天堂也可能撞到牆。

特別是在CM6這場比賽中，有一個特殊的地方就是賽道採環型的規劃，會返回四次HQ轉換區，因此在賽道上不時會遇到同行的台灣選手，特別在這樣超長距離的比賽中，跑到昏天暗地時，突然有句熟悉的聲音說：「加油啊」、「堅持下去」，頓時有股莫名地力量推動著繼續往前，尤其在國外比賽的時候更加有感！

在此特別推薦四位國內的越野高手來跟大家分享，與明珠姐、文孝、周青、小岡暢談這些年我們一起越野的經驗，包括他們訓練的方式及面對比賽的訣竅，讓愛好或想進入越野跑領域的跑友們可以有所收穫。

↑ 完賽獎座就是每次回到HQ領取的信物，集滿四片加上大會提供的底座就可拼湊而成，看著自己一步一腳印的成果，挺有成就感的。

↑ CM6大會贈送的完賽背心，跑完的選手才能領取，背後的名字是在會場付費印製的。

盧明珠在轆轆溫泉進
行越野訓練時留影。
（盧明珠提供）

超馬天后——
盧明珠的越野感動

我一開始知道明珠姐是因為不少賽事裡都看得到她的名字，很難不知道這號
人物，她在2005年完成人生初馬，至今跑過百場馬拉松。2012年9月前往
希臘參加斯巴達超馬246公里賽，以33小時奪下亞洲女子組第一名的成績；2014
年更在卡達世界盃100公里賽打破台灣女子紀錄，國內外賽事征戰無數，成績驚
人。後來知道她轉戰到越野，一次小岡約六、七人跑山，裡面就有明珠姐、文
孝等人，算是初見面。

　　明珠姐參加比賽很勤，也很能寫，她的部落格詳盡記載每一場賽事，其中提到的
精神面對我有很大的幫助。這次很榮幸可以請她從女性角度來談越野，期以作為女性
跑者參考。

超馬與越野兩者有何差異?

　　由於我本身沒有跑過超馬,想了解這兩者的差異,經驗豐富的她馬上就指出:「超馬是在平面上跑,首重均速,跑均速就可以跑得舒服,主要是小腿發力,而且當你停留的時間越少,就會得到越好的成績;越野跑是在多元地形上,又有爬升,因此上坡要調整呼吸、下坡要能衝,是全身運動。」

　　因為是完全兩種不一樣的領域,她說,在準備上也絕對不同。「超馬要練量,讓你的身體記憶住跑量,好比你要跑100公里的比賽,若你一個禮拜沒有辦法跑到100公里,如何在比賽時跑完100公里?量不夠也很容易在比賽過程中受傷,而且你的配速、均速越好,超馬的成績就會穩。」越野賽的話,明珠姐認為不見得量要夠,而是爬升要練好、肌力要夠、心理建設要有、補給要做好等等,因為變化性比超馬大,她強調臨場反應也要好,才能因應越野賽的場地及天候,這些都要靠跑者本身經驗值的累積。

　　不過,明珠姐很慶幸自己是從超馬轉越野,她說超馬更苦,練的量很大,可是她也感受到初轉往另一個新的領域時,「也是會吃盡苦頭,因此更要耐住性子練習」。轉往越野最大的差異就是「爬升」,她說爬山會讓速度變慢,上坡要調整呼吸,下坡要衝,還要被時間追殺,因此對她來說「越野跑更像冒險」。

如何訓練自己越跑越好?

　　首先,她會根據不同的賽事做準備,週六、日去爬山累積爬升經驗,訓練股四頭肌與臀大肌,下坡才有力氣衝。週一到週五跑平路(操場、公路),當作週末爬升後的恢復及肌力的平衡,她說這算是規律的訓練,但隨著報名賽事的距離越長,練習的時間就會拉長,有時假日拉長至20幾小時都有可能。只要報了名,她都會認真練習並做好賽前規劃,「這樣去比賽就會很舒服,甚至有可能得個好成績,若只靠老本(超馬經驗)會很痛苦的。」

↑盧明珠參加2018年谷關越野賽,在斯可巴終點會場與女性跑者們一同合影。(拍攝者/林明德,盧明珠提供)

另外，明珠姐也說，多參加賽事可累積肌力以及經驗，她強調每一次比賽的狀況都不一樣，也許會吐，也許會抽筋，但我們都會從中學習，因此需要經驗法則來強化自己的狀態，現在她覺得自己的狀態越來越好，完全拜於經驗的累積，以及堅信挫折帶來的成長。我想明珠姐十分強調「經驗法則」，與她經常性參加比賽有很大的關係吧！

↑ 盧明珠在2015年首度參加UTMF日本環富士山越野賽，開賽前集合互相打氣，沒想到這次參賽成為她最難忘的經驗。（拍攝者／易霖，盧明珠提供）

如何因應撞牆期？

我們必談的撞牆期經驗，若是100公里的賽事，我的撞牆期會出現在80公里，就沒力了，只能在原地休息、放空，但還是會提醒自己「怎麼樣也是要走完」。依明珠姐的經驗，撞牆時她會放慢速度走，並做好心理建設——告訴自己放慢速度是為了下坡時可以衝。明珠姐說：「如果痛苦到想破口大罵，那就罵吧，至少要讓自己開心，也釋放壓力」，或是在補給站她會跟志工聊天，讓自己稍微休息。不過，她說每一次撞牆的狀況都不一樣，取決於有沒有做好練習以及賽前的調整，像是賽前的減量就很重要。

最痛苦的一次就是她在2015年參加UTMF環富士山越野100mile（約170公里），因為她賽前沒有做好減量，身體沒有調整好，很快就累了。下午1點開跑，天候不佳雨一直下，道路更是濕滑，她說好不容易抵達A3富士宮（69.9K），胃空了就在補給站大吃日式炒麵，離開前為了提神還喝杯咖啡，沒想到後來大吐，胃又空了，前後沒有人來，凌晨3點開始撞牆，她坐在原地跑不動了。她說當時的撞牆期都是負面想法，想到接下來還有UTMB環伯朗峰越野，不斷在內心吶喊著：「我再也不要參加越野賽了，再也不要參加了……」離開A3那一段是下坡，明珠姐說應該是好跑的，因為吐的關係，也只能慢慢走，到達A4（90.4K）轉換站，天也亮了。有了那一次經驗，她明白每一次的撞牆是過程，熬過就好了。

如何有效補給？

　　「如何補給是每個跑者都要正視的問題」，明珠姐就像大姐叮嚀著，有些人在長距離比賽累了就會不想吃東西，她說千萬不可以任性，就算吃不下，在補給站也要帶點東西繼續上路，因為胃會分泌胃酸，就是要消化食物，久不吃點東西，胃酸一直分泌，到後面就會胃發炎，吃喝什麼都吐，反而會傷到身體。也因UTMF環富士山越野那次痛苦的經驗，明珠姐在後來的賽事怎麼調整呢？「在補給站時不能吃太多也不能不吃，離開補給站一個小時或一個半小時之後，就開始吃點自己帶的東西，像是科學麵、洋芋片及核果，鹹甜交錯吃比較不會反胃，建議大家可以找適合自己的補給，千萬不要一下子吃太多，或是都不吃，每個補給站都要吃一些，還要注意電解質失衡的問題。」

　　明珠姐的部落格文章，讓我印象深刻的是她常提及自己在賽事上吐，而她止吐顧胃的祕密武器就是──「蘋果＋陳皮」，這是她參加香港四徑的經驗，當時天氣太熱，吃什麼就吐什麼，直到有人給她陳皮，竟然就調整回來漸入佳境。她說陳皮很鹹可以顧胃，蘋果可以止吐，對她的身體起了效用。她也說，「每個人的祕密武器都不一樣，要自己去發掘。」而她補充體力的祕密武器是科學麵與洋芋片呢！

女性跑者面臨生理期及夜跑時怎麼克服？

　　相較男性，女性跑者在生理與心理要克服生理期以及夜跑困境，明珠姐如何克服？第一次夜跑比賽是她參加希臘斯巴達超級馬拉松這場，她跑到凌晨1、2點時，狀況不好，快到補給站前看到一個小女孩，想起她的女兒，眼淚不禁直直滑落，天空掛著很大很圓的月亮，哭著心想：「我怎麼不在家好好跟家人過中秋節？為什麼要來這邊啊？」後來她找到方法面對夜晚的孤寂，「你可以允許自己哭，可以允許自己的脆

↑ 盧明珠表示想要克服夜跑的障礙，在於強化自我的心理建設。（拍攝者／林明德，盧明珠提供）

↑ 盧明珠會利用假日到山區進行自我訓練，以應付比賽的挑戰。（盧明珠提供）

弱」，那要怎麼熬過去？就是心理建設，這也是她的經驗法則，可以告訴自己「晚上跑很涼爽，也不用擔心上廁所會有人看到」，她說光是這兩點就很吸引她，上廁所只要把頭燈關掉，就沒有什麼好擔心了。

因為這兩點心理建設，支持她後續參加長距離的賽事，她鼓勵女性跑者一定要找到可以強化自己一個人夜跑的心理因素，除非你選擇參加不夜跑的賽事，不然就是要讓自己跨過這道門檻，一次、兩次經驗就不會害怕了。「就好像我跟別人說，你如果沒有辦法克服在外面山中大小便，就沒有辦法報名。」而且參加國外比賽時，明珠姐說在晚上即使男生看到她也不會慢下來陪她走，都是紛紛繼續往前，「當你被拋棄，你會想要去追人家。」哈，這也是一個往前的動力吧！

事實上，明珠姐很享受一個人跑，一個人到底有多好？她說：「像是崩潰想哭時就允許自己哭，想罵人的時候就罵，完全不用壓抑，還有跑越野賽到最後很容易脹氣，要放屁就放屁，要幹嘛就幹嘛，超自在。」至於生理期，她說可以想辦法調開的，我想這點女生應比我更清楚吧！不過，也因為明珠姐已有先前超馬刻苦耐勞、長距離孤單與寂寞的經驗，她說轉往越野是如魚得水，而且晚上也沒有睡眠障礙問題，因此要效法她的經驗可能有限。但我想心理建設這方面，絕對是值得參考。

盧明珠完成2016年UTMB法國環伯朗峰100mile越野賽，在霞慕尼終點會場。（拍攝者／惟苓，盧明珠提供）

↑2016年嵩山100公里越野賽，盧明珠與友人在開賽前會場。（盧明珠提供）

↑盧明珠完成2017年TDG義大利巨人之旅300公里賽，在庫馬耶終點會場。（盧明珠提供）

一定要參加國際賽事的理由？

最後，明珠姐鼓勵大家有機會要報名國際賽事，視野會放寬，就像當年她覺得自己超馬的成績有一定水準了，但到了國外發現有很多厲害的強者，看見自己的渺小就會謙卑，要加強的地方還很多。採訪過程中，她更是不斷強調「挫折會讓我們成長」，因此要大家去國外看看，自然就會看到自己不足的地方，就會想要更進步了。

另外一方面，參加國外越野賽可以欣賞及享受當地美麗的自然景觀，她說很多人喜歡到中國大陸比賽，因為那裡環境優美、賽道漂亮，像是稻城亞丁有歐洲的感覺，她說能去跑一趟就不虛此行了。

↑阿虎在採訪現場與盧明珠合影。

盧明珠的越野之最

- 最感謝的人：小戴（戴佑瑞——他是讓明珠姐闖入越野的重要推手）。
- 最難忘的越野賽事：2015年UTMF環富士山越野（是明珠姐的第一場100miles）。
- 最想推薦的賽事：台灣的UTMG谷關越野、國外的UTMB環伯朗峰越野。
- 最想達成的賽事成績：美國的Hardrock 100、西部100（這兩場都是100miles超馬＋越野，但不容易抽中）。
- 最想跟讀者分享的一句話：越野的世界就像寶藏，等待大家去發掘，歡迎大家來越野的世界，一定可以拿到你想要的東西！

（邱文孝提供）

暢快跑山人——
邱文孝的挑戰人生

認識文孝只有很短的時間，總覺得他很神祕，當時我跟一群人去跑山，他是其中一位，小岡說這個年輕人體力很好，但不太說話。後來，我們相約去花蓮跑山，發現他的體力超好的，也愛跑山，原來他在學校就是登山社的一員，已有不少山野經驗，來跑越野可說是駕輕就熟。後續也發現文孝練很大，每個月都跑500公里以上，慢慢地他在這三年的賽事嶄露頭角。他是一個好咖，也很好相處，到處都有人找他跑步，他都會說好，不會拒絕。像這次採訪，他也說：「好啊，可以啊。」

其實，文孝很低調的，你不問他，就不會主動說出來。像2017年他結婚了（驚！沒想到他有交往的對象），度蜜月竟是環遊世界半年兼參加國際賽事，我們都不知道

有這麼棒的體驗，「199天裡，進入24個國家，飛了35段飛機，坐了24次夜巴，跑了2351.3 km，參加了7場比賽」，這是他在臉書上的紀錄。而沒有賽事的日子，他就在落腳的國度裡跑跑跑，此次訪談一定要來聊聊，出國取經讓他回憶最多、最特別、最不一樣的賽事是哪一場？

最不一樣的就是Barkley！歡迎來受虐

文孝不假思索便說：「最不一樣的就是Barkley！」（美國田納西州Frozen Head State Park的Barkley Marathons）當時他人在古巴還特地飛過去，也是有史以來第一位參賽的台灣人。他說，這個比賽很特別也很困難之處竟是「報名方式」，沒有官方網站，自己要想辦法取得email報名比賽，像是跟歷年的參賽者索取，但大家都會遵守主辦單位立下的規定——不能主動提供email給他人，要先詢問後，經過介紹、推薦，主辦單位同意了才可以提供。取得後，還要在信中說明為什麼要來參加這場比賽，文孝

↑ 邱文孝在2017年參加了惡名昭彰的Barkley Marathon，主辦人要所有參賽者帶自己國家的車牌來參賽，形成有趣的畫面。（邱文孝提供）

說他寫了一些吸引主辦單位的話，就被邀請了。據文孝所知，每年全世界會有1000多人報名，僅挑選40人左右，可見他是多麼幸運且運氣極佳！

「寄回的email不是恭喜你，而是哀悼你，歡迎你來受虐的意思。」文孝笑笑說著，因為主辦單位就是故意要讓前來參賽的人失敗，只要今年有人完賽，明年就把路線改得更難，或是完全不一樣。同樣的，不可以隨意把路線告訴別人，歷年參賽者皆遵循規定。因為比賽的門檻高又有神祕感，反而吸引各路好手想挑戰，文孝說其實主辦單位就是「鬼點子多」，且報名費很便宜，只要1.6塊美金。我聽說參賽那天要帶一樣東西給主辦單位，沒想到竟是「車牌」。原來蒐集各國車牌是主辦人的嗜好，文孝說當你看到會場掛了不少歷年參賽者的車牌，真的很酷！

●比賽規則特別在哪？

文孝說，簡單來講就是在這座國家公園裡循環跑5圈，總計100 miles，完賽時間限制在60小時以內，每一圈都是固定的路線，每一圈也有限時，但每一年的跑法不同，有可能是順向2圈再來逆向2圈，或是逆順逆順等的跑法，故意讓你嘗試夜晚與白天的落差，可說變化相當多。但是，

↑邱文孝與阿虎在訪談當天合影，暢談出國比賽的種種趣事。

過程中沒有工作人員，只有兩個水站，就是把礦泉水丟在那，沒有人會理你。另外，文孝覺得有趣好玩的部分是：跑完一圈自己究竟找到幾本書？在開始跑之前主辦單位會給一個號碼，他拿到77號，這次共有12本書的點位，只要找到任何一本書，就撕下第77頁當作信物，完成第一圈接著第二圈時，會再拿到一個新的號碼。每本書擺放的位置都是固定的，不會有人故意亂放。

至於路線與書的位置，主辦單位會提供七至八頁的文件資料，文件會標出路線及書的點位，但你自己得先備好地圖。文孝當天因太晚抵達會場，來不及到服務中心買地圖，但也算運氣好，剛好現場有人多一份就給他了。雖然有書的點位，但確切的位置是用文字描述，像是走到某處看到某物就要轉彎，書就藏在兩顆石頭的中間，或是一棵樹的中間，簡直就像尋寶。我聽起來感覺像是定向越野的一種，不過文孝說不完全是，因為定向越野通常都在白天完賽，這裡可是惡名昭彰的Barkley啊！而且不可以使用任何電子裝備，僅提供簡易的電子錶讓你看時間。

● 「路線」的規劃有危險性嗎？

文孝說，嚴格來講沒有正規的路線，更沒有路標，不是越野跑比賽中常見的路面，比較像是在台灣山裡探勘，很有可能一不小心又岔出去，有些路線還很陡，讓文孝不得不說「主辦單位很敢給你走」。不過，整體來說沒有危險性。我也好奇那裡的地勢會比台灣的山難跑嗎？文孝的經驗是不會難跑，質地也比較好，雜草相對稀疏，不像台灣那麼密，只有擔心迷路跟花時間找書的問題。

因為要尋書，大家幾乎都是一起跑、一起找，除非很熟的人才會兩兩跑在一起，有點像團體活動。第一圈起跑還不到一個小時，文孝就想放棄了，畢竟自己是凌晨一點起跑、下雨又起濃霧、路也不熟，整個方向都亂了。於是準備往回走，誰知又碰上

正在往前跑的人，乾脆就跟著跑吧！幸運之神再次眷顧他，跟著跑完了一圈。書的部分也是跟著大家一起找，撕下自己號碼的書頁，乖乖放回原本的位置，等著下一圈再來撕下第二組號碼。

● 再挑戰一回吧！

　　雖然文孝沒有完賽，但也跑完一圈，撕下9張書頁。他表示當時山中大雨不斷，氣溫下降變得很冷，下半身穿短褲的他只好棄賽。但我想，他有此機會參加這場「虐賽事」，實屬難得了！不過，文孝也提到因自己賽前準備不足，加上抵達會場太晚，身體十分疲累。他說有些選手為了先熟悉路徑，提早兩、三天在此摩拳擦掌。當晚大家都在主辦單位準備的露營區休息，起跑前一個小時會吹號角提醒，正式起跑時間是4月1日凌晨1點。聽說過往都是在愚人節這天舉辦，我不禁脫口而出：「一個整人的概念啊！」旅途勞累的文孝說他完全沒有聽見號角，沉沉睡著，最後還是被隔壁的人叫醒，可以想見在這樣的情況去跑山，應該無法完全發揮實力。

　　文孝一開始覺得難度不在「體力」，他說100miles限時60小時絕對是足夠的，但問題在於耗費太多時間來來回回找書，跑完5圈應不止100miles，況且有些路線爬升很陡，爬升高度好像也有10000公尺。國家公園的山中天氣變化大，舉凡下雨、起霧、低溫以及日夜視野的落差，還有順向逆向交替跑，只要天一黑，記憶就變不好，加上起霧很難判斷自己在哪，還要找書所需的體力，根本就是「虐」。後來他看了網路上的影片，所描述的地點都有印象，路徑看起來差不多。因Barkley Marathons回歸率算高，文孝說有機會再去的話，打算要提早到熟悉一下環境，再挑戰一回！

比賽結束後，如何休息或恢復？

　　很好奇文孝跑完香港四徑、TDG（義大利巨人之旅，全球十大耐力賽之一）是否有後遺症，像是全身鐵手鐵腳，以及要花多久的時間恢復嗎？體力超好的他表示沒有什麼後遺症，可能身體內部器官的疲勞而已，他

↑ 邱文孝在TDG巨人之旅完賽後的留影紀念。
（邱文孝提供）

↑ 不斷在高山練跑是邱文孝的訓練方式，此為他參加谷關越野跑的專注比賽的瞬間。（邱文孝提供）

個人比較少刻意休息，偏好動態恢復。文孝把動態恢復想成一種「疲勞訓練」，好比跑超馬到最後一定會累，動作會慢下來，雖然累還是會繼續跑，這也是一種訓練。就像比完TDG，最後一天要離開了，他居然還去旁邊的山跑一跑。他講得可輕鬆呐！

　　文孝說，若有休息也是一、兩天，接下來就開始短跑訓練，十分勤快。不過，今年的香港四徑他跑完第一徑就放棄了，因為中暑身體虛脫，回來台灣後，恢復正常的訓練已經是一個月之後了。文孝也說疲勞訓練不見得在未來都適用，仍是要參考他人的專業。因為自己一個人長跑久了，會在自己的舒適圈裡而不自知；當他遇到瓶頸的時候，會多參考一些書籍或與他人經驗交流，就能找到突破現況的方法。

練跑就是享受跑步！挑戰自我！

　　文孝最想給讀者的一句話，就是「享受跑步！」他是一個熱衷跑山的人，台灣沒有幾個人像他這樣在高山練跑，他進行的極端地形（高地）訓練，包含一個人在山裡約20小時跑完，30%是訓練，70%是想試試看、玩玩看，自我滿足。他說因為以前爬山是慢慢爬，開始越野跑之後，想知道跑山可以用什麼方式，以及需要多久的時間完成。若同樣的路線再去一次，訓練的成分就會多一些，用意還是在於想知道可以再快多少。我苦笑著說，自己沒有體力可以像他跑這麼長，他卻說「多跑一點，體力就出來了」！

　　另外，我們也聊到賽前控管。文孝說他做得不太好，隨性的他只要有興趣就去報名，導致有些賽事活動時間太近，比賽內容大不同時，就沒有辦法好好準備，這也是他接下來的功課——做好賽事規劃。

邊旅行邊跑，體驗當地風俗民情

　　最後，我對他竟能利用度蜜月到世界各地參加越野賽事，十分感興趣。他說蜜月到南美洲時，就想看看附近有什麼比賽可以報名參加，於是他主動寫信給主辦單位自

薦，告訴他們自己有多喜愛跑步，也正在當地旅行等，地方性比賽通常比較容易申請成功。文孝說，一般台灣人都是挑國際知名賽事參加，不會特地飛到這些國家參加小型或當地的賽事。但他是隨著旅行路線順便參賽，才能體會到當地賽事，而且當地人都非常熱情跟你打招呼，非常開心，應該是因為有著共同興趣的關係吧！而我與文孝也是這樣認識的，幾乎每一次碰面都是跑步的時刻。一向話不多的他，今日訪談可以侃侃而談，讓我受益良多、增廣見聞，也期許自己有機會挑戰Barkley！

↑邱文孝利用旅行片刻去參加當地越野跑賽事，跑過土耳其、冰島、希臘、瑞士等多國賽事。（邱文孝提供）

邱文孝的越野之最

- 最嚮往參加的賽事：Barkley Marathons 與 Hardrock 100。
- 越野至今最感謝的人：家人。感謝家人不反對，他們從擔心不要跑太多，到後來開始關心名次。
- 最感動的越野賽事：香港四徑（HK4TUC）。在 2017 年以 59 小時 45 分取得第四名成績。
- 最想推薦給新手的越野賽事：香港 100（HK100）。是世界級的賽事，可以去享受，循序漸進開始比較安全，也可以掌控並清楚自己的能力。
- 最想達成的目標：期許自己準備好就參加 UTMB，並看看自己與國際選手的差距。另外，與登高賽相關的也會去試試。
- 最想給讀者的一句話：享受跑步！

（周青提供）

越野好手──
周青的冠軍課表

訪談四位之中，周青是我最不熟悉的越野跑手，卻是近幾年經常站在凸台的厲害人物，從各方報導及他的臉書中，看得出是個認真執行訓練及用心經營Hash越野（捷兔越野）活動的人，這次與他對談中，更加深入了解他不單單喜歡運動跑步，也積極努力地推廣這項運動。周青的越野跑背後也有一段感人的故事與夢想，相信看了他以下的訪談，你會和我一樣想站出來支持他！

從網球轉向越野跑，發現更寬廣的道路

大家對周青的印象就是越野界的新人常勝軍，相信很多人會好奇他的運動背景為何，我本以為他是越野選手出身，沒想到之前是主修網球。周青是因為媽媽的朋友建

議而接觸網球，但發現自己怎麼樣也打不上去，所以退下來創立網球社團來推廣這項運動，藉由推廣活動讓他有機會接觸業界人士，激發他開始思考未來，決定休學、當兵，再考取文化大學體育系，主修網球及雙修企管系。

那是什麼原因轉換跑道開始跑步呢？他說：「剛上台北人生地不熟，因緣際會認識的朋友帶我去Hash，就從Hash開始玩越野，沒多久就去參加比賽，一比賽成績就突然竄起來，就這樣一路走出來了。」不過周青是玩越野的前兩、三年才開始跑步，當初會跳進越野也是因為感人的「迪克老爹」故事（編注：父親Dick Hoyt帶著兒子Rick Hoyt克服身體的障礙，征戰鐵人賽事）及電影《我的鋼鐵老爸》而想玩鐵人三項，思考著跑步若沒有一定的程度如何挑戰鐵人賽呢？於是他想先把越野跑的技能練好，再去發展其他項目，「未來就去挑戰鐵人三項，這是我人生夢想之一。」他也在臉書上寫著：「我想運動只是一種手段，在通往人生自我實現過程中的一種手段，我從沒想過會當運動員，只是跟隨熱情不斷的挑戰後發現更寬廣的道路，很慶幸我是如此幸運。」

為推廣越野跑，持續參與支持Hash

在周青身上我看到充滿熱血與願意挺身站出來推廣運動的年輕人，他在Birthday Hash House Harriers（簡稱BH）也是如此，他在BH的口號「我是GM，我單身」，十分有趣也吸引人，「這是一個很搞笑白目的slogan，讓大家去推『這就是你嘛』，用一個貼切你我距離的話題，讓別人跟你有互動。」周青接下BH負責人也是為了推廣

越野運動，他說：「如果你要推廣，一定要從娛樂性開始著手，俱樂部是金字塔的底，參與的人愈多，才會有經濟價值的存在，提升整體產業。」

在BH越野活動怎麼進行呢？他告訴我們一個月不定期舉辦兩次，是獵狗抓兔子的遊戲，一個或兩個人事先規劃好路線，扮演兔子負責灑麵粉做記號，其他人當獵狗沿著記號去追兔子，兔子留下記號的四個方位都有可能，要散開來找，去找下一個記號，通常下一個點是200至300公尺內。如果獵狗找不到路可以喊「Are you」，在正確路上的獵狗就會回應「On On」，就可以朝那個聲音的方向繼續前進。活動結束後進入Down

↑ 周青來台北念書之際意外接觸到越野跑，開始跑出自己的路。（周青提供）

Down喝酒聊天慶祝的時間，此時周青負責主持與大家同樂。我曾參加不同地區的Hash，聽完周青的介紹，我倒是想來體驗BH不同的越野文化。

伴隨偉大夢想——完賽

歡樂的越野Hash話題結束，請周青談談他在越野跑的規劃及目標。「人生規劃跟目標規劃是不一樣的，我人生所追求的是在不斷攀峰之後心如止水般的平靜，我會不斷地參加比賽，我覺得人生就像RPG角色扮演，你不停地打怪，賺錢買車、買裝備，等級高了就挑戰更高的關卡，好像不停的探索地圖，由自己來賦予它意義，我的目標就是不斷攀峰之後，追求那心如止水般的平靜。」

周青在2020年有一個最大的目標，將與志同道合的選手以接力賽的方式橫越美國大陸，發起者是日本的井上真悟，這是井上先生的夢想，也是日本馬拉松之父金栗四三的夢想。周青在2016年認識井上先生，被邀約前往參加「日本東海道超馬接力驛傳」，過程中周青受到非常嚴重的撕裂傷，而支持他走下去的是井上真悟，在旁對他說：「walk, walk, you are the best！」讓他明白不管在多麼惡劣的環境都不輕言放棄，也成了日後比賽激勵自己的方式，對周青來說也是重要的貴人。為了完成井上先生的夢想，及能站出來號召國內20名選手，他給自己的短期計畫是拼國內各項全國紀錄，讓自己變得更強，也讓大家認識他。而這幾年輝煌的成績，相信大家有目共睹，看著就坐在我面前的周青，築夢踏實的他，我絕對相信井上真悟的夢想一定成真！也鼓勵他要讓這偉大的計畫持續曝光以及布局，我們會給予最大的支持。

周青設定的目標就是30歲之前朝國際發展，家人已成為最大後盾支持著他，為此目標他更積極地參加國外賽事，包括：中國大陸、香港、日本、菲律賓、馬來西亞、尼泊爾以及西班牙世界盃等賽事。不過他說2019年計畫不跑長距離，一來傷身體，二

↑周青認真舉辦BH越野活動，讓大家在歡樂氣氛中參與越野跑運動。（周青提供）

來恢復時間長，現在要打掉重練加強速度，因為「速度沒起來，長距離的速度也不會起來，耐力也不會起來」，因此他將鎖定國內外短距離的賽事。

↑ 2016年周青參加日本東海道超馬接力驛傳。（周青提供）

積極訓練與復健跑得更長遠

夢想如何實踐與訓練有很大的關係，周青告訴我就是「常跑山」，至於如何進步，就是「勤能補拙」，因他不是田徑出身，選擇以跑山及慢跑做為跑步訓練，當然跑量也很重要，除此之外，他經常與大家分享重訓及復健，重訓課程是一週2次，復健則是一週2至3次，都有專業的教練老師帶著他做，「唯有把自己的身體變強壯，才能有更高張力去比賽」，他也開始考慮朝科學化的運動訓練。

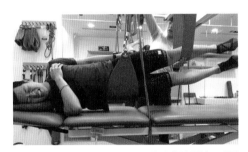

↑ 周青進行Redcord紅繩懸吊系統的復健訓練。（周青提供）

會接觸復健是因為周青之前右膝軟組織有撕裂傷，過了一個月愈來愈嚴重，連簡單的跑步都有問題，他說實在是受不了去醫院打PRP（自體濃縮血小板注射），一個禮拜就好了，於是開始復健，包含Pilates（皮拉提斯）、Compex（神經肌肉電刺激）、Redcord（紅繩懸吊系統）以及平衡訓練，幫助身體放鬆恢復及身體的協調性。尤其在大量運動後，身體是需要恢復才能跑得更長遠，周青每週能如此規律訓練及修復身體，做足準備成就必不凡！

難忘的賽事經驗談
●難度高值得挑戰的跑山獸賽事

這是周青在台灣比賽印象最深刻的賽事，「跑山獸的野獸山徑，是我目前參與過最難的越野賽」，他很努力跑，但是50公里的賽事跑了10個小時，他一直說太誇張了，因為「地形非常複雜，草很茂密，基本上是不能快速移動的，在很陡的樹根上下跑，或是在河谷處溯溪而上，這是賽道很難的地方。」聽周青這麼一講，難怪大家回來都說很難忘，讓我不由得想去看看路線的安排。

●讓自己一戰成名的柴古唐斯越野賽

周青連續參加兩年柴古唐斯越野賽皆得冠軍，第一年是受井上真悟在日本的品牌廠商邀約，背後的故事是2016年井上真悟以個人名義參加高雄亞洲盃24小時世界錦標賽，過程中他遇到不少困難，卻不喜歡別人幫他加油，周青在最後2小時去看他，看到他快不行了，周青拿出在東海道超馬的接力帶給他，沒想到最後5分鐘超前拿冠軍，日本品牌為表達感謝，邀請周青與日本選手參加2017年柴古唐斯越野賽，當時默默無名的他跑出了62K冠軍，讓在場所有人對他刮目相看。第二年周青組隊參賽，他說：「我認為這個賽事值得我們台灣選手去參加」，當然實力堅強的他再度獲得65K冠軍。

●大開眼界的世界盃錦標賽

周青參與過三次由國內超馬協會帶團的世界盃錦標賽。2016年他第一次以國手的身分參與IAU（國際超級馬拉松總會的簡稱）50公里世界錦標賽；2017年他以觀察員的身分第二次與團隊前往英國北愛爾蘭參加IAU 24H世界盃錦標賽；2018年他再以國手的身分第三次參加西班牙IAU山徑越野世界錦標賽。「世界盃讓我看到很多很不一樣的東西，你沒有想過一個單向賽事，可以辦得這麼盛大」，他說背後的品牌、廠商眾多，開場不是在體育場而是以遊街的方式，樂隊表演及當地人們在旁熱烈歡迎，令他相當驚艷。不過西班牙這場超馬越野賽難度很高，「30公里爬升1500公尺，關門點是4小時，很多女生過不了第一個關門點，而在40公里爬升近2000公尺，關門點是5小時」，賽前技術會議各國皆提出抗議，表示關門時間太緊了。

對周青來說這場世界盃前50公里可跑性高，50公里至70公里之間是非常困難的，甚至落差很大、很危險，要不停地轉向。至於賽道跟亞洲有什麼不同？「歐洲地形較

↑在練習與比賽過程中難免會受傷，周青積極擬定訓練及復健計畫，以期跑出更好的成績。（周青提供）

↑周青積極參與各大賽事，累積經驗，努力朝國際跑者的目標前進。（周青提供）

乾不滑，天氣宜人，與亞洲相比差異大」，周青也從此次的經驗得出，「跑歐洲賽道是你的連續跑坡能力要很好，它不像亞洲是短上升、短下降，歐洲是長上升、長下降，還有跑步用杖的能力要好。」這次他也有用越野跑杖，在後半段因太疲勞跑不動，是用跑杖走回來。知情的人都知道這很不容易，原來周青從2018年3月樓蘭100林道越野超馬、4月柴古唐斯越野賽、5月台北101國際登高賽，一直都馬不停蹄地在比賽，雖然很拼但能累積賽事經驗，值得了！

撞牆期時就想著終點、不要停下來

　　如何突破撞牆期？腦子有什麼念頭嗎？「我通常在30公里就會有撞牆期，我會放慢速度，有點像靜坐，你要穩定自己的呼吸，穩定自己的節奏，不能亂掉，你的呼吸、你的身體都要穩定」，他說自己太常遇到撞牆的狀況，也慢慢習慣這種感覺，他以西班牙世界盃為例，「雖然我花了快15個小時，思緒基本上是放空的，但我要不停地跨出下一步，我要不停地往

↑周青與阿虎訪談當日的合照，彼此分享訓練及參賽過程。

終點前進，保持這樣想，想著終點，不想其他，將意念專注在此，如果想時間的話會很痛苦的。」我想這是專注在賽道的精英選手特色，完全投入其中、心無旁騖的專業態度，在此深深祝福他，未來不可限量！

周青的越野之最

- 最感謝的人：默默在背後精神面及經濟面皆支持他的家人。
- 最重要的賽事：日本東海道超馬接力驛傳、尼泊爾 Annapurna 100。
- 最想推薦的賽事：中國柴古唐斯越野賽、Formosa Trail 福爾摩沙越野賽。
- 最想達成的目標：跳進國際隊。
- 最想分享讀者的一句話：跟隨你的熱情，你將會發現更寬廣的道路。

2013年小岡單攻跑大霸尖山，完成台灣首次單日往返大霸尖山的文字記載；也是人生首度跑完50公里的距離。（小岡提供）

煉鐵成「岡」——
小岡（陳延宗）的極限魂

當初為了比賽蒐集網路上大家的心得，發現小岡的部落格經營得很好，他在鐵人三項相當有名氣，便關注這個人也會請教他。一直到5年前我與朋友登山過程中竟在山裡不期而遇，當時我們正聊到這位厲害人物，我就看著他從山徑跑了下來，我不禁大喊：「就是他！就是他！」於是展開了後續相約跑山的機緣。因為我有跑高山的經驗，小岡正想往越野領域闖一闖，我開始規劃行程、路線，他則是負責找人一起跑，小岡的體力很好，找來的都跟他同等級的厲害。而我也從小岡身上學習不少訓練方式，特別是他鬥志很高，正向能量很強，幫助我不斷進步。

開始越野跑的緣分

　　小岡在學生時代是田徑隊，有著喜愛長跑的基因，他說因為當兵後變胖了，為了減肥，重新再運動。就在2000年跑一場馬拉松之後，開始朝長距離耐力運動發展，小岡形容運動對他來說，就是玩馬拉松十幾年後，換玩鐵人三項，玩得差不多了就來玩越野跑，他說：「這不是善變，而是每項運動我會玩十年左右才會換下一個，也就是說這個項目已經玩透了，不需要再花二、三十年投入，因為人生很短，同樣的東西你看個五十年要幹嘛？當然是利用有限的時間多去看看其他不一樣的，然後每一項都要好好經營、好好玩，像越野跑這個領域還有很多山頭我還沒有攻略，所以想去征服它！」

談自我訓練——跑步為運動之母

　　現在越野賽事這麼多，如何自我訓練？小岡說：「自我訓練最主要還是以馬拉松訓練做為基礎，不論心肺、身體耐受力都是要從正規的跑步訓練開始，週一到週五跑步，週六、日有時間就去山上跑」，他強調「跑步為運動之母」，這一句也是我當初請教他時這麼告訴我。

　　至於跑步科學化，小岡說他是應用在準備賽事的訓練上，我請他以參加今年4月的UTMF環富士山超級越野賽為例，來跟大家談準備週期及訓練方式。「我主要的準備週期，還是使用過去十幾年來最常使用的鐵人三項賽事的架構，包括基礎期、進階期、巔峰期、競賽期。」小岡說這個架構從2004年開始應用一直到現在，從去年11、12月分就是他的基礎期，他說要先把跑量建立起來，做為生理適應，接著進階期他會開始頻繁參賽，到了巔峰期則是參加較有競爭力的賽事，以了解自己的身體是否已經能面對UTMF國際賽事。「基本上是這樣的架構，

↑ 小岡參加2015年括蒼論劍100K賽事。（小岡提供）

↑ 2003年攝於觀霧的八仙瀑布，小岡跟哥哥開始接觸跑山，也是越野跑的啟蒙時期，裝備也不齊，當時穿一雙399元的慢跑鞋就去跑了。（小岡提供）

週期化訓練也算是運動科學化吧！」聽他這麼一說，據我長期關注小岡在網路上的文章，不論準備週期或訓練方式，他的執行度不但高也有完整的記錄，值得推薦給大家參考。

　　針對高山訓練不知對賽事是否有明顯的幫助？小岡認為高山訓練若是純粹講海拔的高度幫助不大，而是要能長期待在高海拔，因為氧氣含量少，紅血球就會增生，身體逐漸適應高海拔的環境，但小岡也說以我們這種半調子的，一個禮拜去一兩次的效益不大，如果真的要做到高地訓練對生理明顯產生刺激至少要待到三個禮拜，目前是偶爾調劑一下，看看山上風景。

國際賽事經驗談
●賽事首推不輸鐵人KONA的UTMF
　　參賽經驗豐富的小岡首推賽事是UTMF，主要是日本這個國家適合家庭旅遊，他問過很多有老婆小孩的跑者都表示：「日本是帶老婆去比賽的好地方，因為老婆通常都可以自理，不用怕迷路。」那為什麼小岡會想帶家人一起去比賽？他說科學研究顯示，夫妻越能出國一起玩樂的話，感情會越好。看來小岡很重視與家人的相處，這也是事實，家人是他比賽過程中自我激勵的重要因素，他說：「遇到很累的比賽，我會想到我的老婆與小孩都在終點等著我，告訴自己要早點回去，不要拖太久，因為拖越久就越不妙，變數就越大。」

↑ 小岡是阿虎從2013年至今一起跑山訓練的好夥伴，此為2018年底同行武巴公路河床越野跑。

← 2014年攝於石垣島川平灣，家人購買船遊行程，小岡利用時間跑沙灘1小時練習。（小岡提供）

↑ 小岡參加UTMF，雖然未達到所設目標，卻累積不少實戰經驗。（小岡提供）

UTMF自我檢討

　　這次參賽結果小岡沒有達成自己的目標，一方面目標設太高（跑進100名），另一方面是執行面出了問題，首先目標掌握不對，一開始他鎖定跟著日本第一名的女生跑，但是發現對方前半段配速太慢了，小岡平常練習是跑5分半速，跑6分速反而不知怎麼跑，最後他決定不跟了，一旦被超越就馬上跟上她，結果沒想到過了6小時還是沒有看到她，原來是在補站補給的時候錯過了。

　　另外，待在補給站的時間要控制，他表示經驗不足也是原因之一，這是小岡的第一場100mile賽事，事後發現花太多時間在補給站停留。他說在77公里處已經跑了12個小時，本來不打算睡覺，但休息30分鐘後仍頭昏腦脹，時間來到凌晨，也是最累的時刻，決定睡20分鐘，醒來有精神又晃一下，結果就花掉1個小時。小岡不得不正視若每個補站都花1個小時，離完賽目標就更遠了，下一站決定先躺20分鐘，恢復體力及精神，吃兩口就離開。「所以在進去補給站前，先想好要先做什麼，先睡也好，先吃也好。」這是小岡給大家的忠告。

　　小岡跑到94公里時是凌晨5點，只剩80公里，結果卻花了整整19個小時，他說越到後面十分疲累，只要一爬坡就想睡覺，連大白天也是，不過跑下坡精神就來了。我覺得這是我們在台灣長期跑下來養成的專注力，因為台灣山徑石頭多、樹根也不少，可能一不小心就掉下去，由於下坡的危險性高，自然台灣跑者在下坡時會習慣性變得有精神了。

最崩潰的賽事

　　2015年10月小岡參加中國大陸在浙江省台州市括蒼山舉辦的兩岸三地「括蒼論劍」100K賽事，他回想起括蒼山天氣跟金門很像，在季節變換時容易起霧，一早就下雨，比了12個小時左右，來到70公里的地方，天黑加上霧很大，根本看不到路，也找不到路條，陸陸續續有選手也加入找路，大家花了3、4個小時走了十幾公里，才找到

下一個補給站，小岡心想：「才10公里就花了3、4個小時，接下來有可能是一樣的狀況，可能會被關門，又沒有路條，路又小又滑，這樣下去可能會有生命危險。」剛好他在補給站看到台灣頂尖選手江晏慶在一旁烤火，看到他喊著：「小岡哥，來喔，烤火一下，好暖啊。」原來他也棄賽了。小岡說擔心自己滾下山，想到老婆還在終點旅館等他，希望自己是安全回去的，決定棄賽。後來得知原來部分路條綁太低了，被山上的牛咬掉了，小岡覺得實在是太瞎了！

若要推薦大陸賽事，小岡認為後來在括蒼山舉辦的「柴古唐斯」越野賽值得報名，路條指示有明顯的改善，也讚許他們對選手關懷這方面做得很好，會以選手的角度來思考。

談跨夜如何安心跑

小岡經歷幾次100K越野跑，認為夜跑就像是在完全陌生的環境，暗到連月光都照不下來，深處山林間看不到路時，只能靠頭燈，而越低溫的環境，電池使用壽命短，耗電率快，因此續航力久的電池很重要，或是帶足乾電池以便更換。「聽說換乾電池會比較理想，因為當你對USB充電頭燈操作沒那麼熟悉，萬一沒有充飽電就上陣了，突然沒電，得不償失。」小岡回憶在UTMF那次，發現快沒電時，就把頭燈拿下來當手電筒照，離地面距離最短，可以看得更清楚路徑，再利用路段空檔趕緊更換電池以利後續行程。

如何讓自己夜跑保有精神力？小岡覺得在賽前不需要刻意徹夜練習，因為徹夜練

2013年小岡和阿虎隊長單攻跑南湖大山，也完成台灣首次單日往的文字記載。（小岡提供）

習對身體的疲勞損傷太大了，他建議只要練習到摸早黑或摸晚黑就可以了，像是從傍晚5點到晚上11點，6個小時摸黑練習。另外，小岡舉一位在東吳超馬有不錯成績的跑者為例，她嗜喝咖啡，但在重要比賽前就會戒掉咖啡，到比賽當天才喝咖啡，效果是晚上精神非常好。小岡自己的有效經驗就是在某次賽事當

↑ 2015年「括薈論劍」100K是小岡難以忘懷的「賽」事。（小岡提供）

天吃了高劑量的維他命B，晚上12點開賽到隔天中午12點都處於亢奮的狀態。「基本上越野跑帶給我不斷嘗試探索自己的身體，當我想睡覺，就試試一些適合自己的方法」，他說下一次會使用白蘿蔔泥、洋蔥，有硫化物可促進對B1的吸收，再加上帶點辛辣味，也是醒腦的方式。

不忘運動的初衷

對我來說，與小岡等人約跑，因為大夥實力相當，就可以跑在一起，也會有很多時間聊天，那段時間因我跟很多不同的人交流，得到新的觀念、新的想法，還有運動相關的資訊，著實進步不少。小岡也說除了約跑團練外，參加賽事會擴展社交面，像是在賽中休息站有吃有喝大家捨不得走，或是賽後總談論賽道狀況、經驗交流等。

自踏入越野跑領域，小岡說他變得比較豁達一點，不會太執著目標一定要跑第幾名，以前玩鐵人三項偶有獎金收入，現在越野跑已經沒有什麼獎金收入，焦點變成跑的過程中有什麼收穫，看到什麼景色，他開心表示：「我把整個焦點回歸到運動的本質，也讓我回想當初是為了什麼運動，那個初衷還蠻好的。」

小岡的越野之最

- 最感謝的人：阿虎隊長。（如果沒有認識阿虎，基本上不會把領域擴展到一般中級山以外的視野。）
- 最難忘的越野賽事：2016年12月谷關七雄100K越野賽。（堪稱是國內難度指數最高的越野超馬活動，以32小時58分優異的成績奪得總冠軍）
- 最想推薦的賽事：台灣的UTMG谷關越野。（探索你身體的極限）
- 最想達成的賽事成績：短期目標──日本UTMF環富士山越野。（目標30小時100名以內），長期目標──跟上邱文孝。
- 最想跟讀者分享的一句話：當你開始投入，就是朝你夢想邁進的時刻！

國家圖書館出版品預行編目（CIP）資料

跑山：12條跑者修煉之路,挑戰土坡、水徑、山梯、峽谷多樣地形 / 曾
尉傑著. -- 初版. -- 臺北市：漫遊者文化出版：大雁文化發行, 2019.01
160面；17×23公分
ISBN 978-986-489-292-1(平裝)

1.賽跑 2.馬拉松賽跑 3.運動訓練

528.9464   107012981

跑山

12條跑者修煉之路，挑戰土坡、水徑、
山梯、峽谷多樣地形

作　　　者／曾尉傑（阿虎隊長）	行銷企劃／林芳如、王淳眉	
出版經紀／本是文創‧胡文瓊	行銷統籌／駱漢琦	
封面設計／巫麗雪	業務發行／邱紹溢	
內頁排版／簡至成	業務統籌／郭其彬	
插　　　畫／郭晉昂	責任編輯／賴靜儀	
攝　　　影／王茜瑜	副總編輯／何維民	
採訪協力／張毓玲	總 編 輯／李亞南	

發 行 人／蘇拾平
出　　　版／漫遊者文化事業股份有限公司
地　　　址／10544 台北市松山區復興北路331號4樓
電　　　話／886-2-27152022
傳　　　真／886-2-27152021
讀者服務信箱／service@azothbooks.com
漫遊者書店／www.azothbooks.com
漫遊者臉書／www.facebook.com/azothbooks.read
劃撥帳號／50022001
劃撥戶名／漫遊者文化事業股份有限公司
發　　　行／大雁文化事業股份有限公司
地　　　址／10544 台北市松山區復興北路333號11樓之4

初版一刷／2019年1月
定　　　價／台幣380元
I S B N／978-986-489-292-1